大展好書　好書大展
品嘗好書　冠群可期

大展好書　好書大展
品嘗好書　冠群可期

健康新視野：1

怎樣讓孩子
遠離意外傷害

高溥超
高桐宣　編著

品冠文化出版社

主　　編　高溥超　高桐宣

總 策 劃　于俊榮　黃和平　劉桂霞

編　　者　汪淑玲　魏淑敏　于萬忠

　　　　　賈國民　高肅華　王占龍

　　　　　李迎春　于連軍　王增輝

插　　圖　吳慧斌　蘇　寧　苑宏亮

　　　　　劉　暢　席海軍　劉　鑫

電腦製作　時　捷　王　晶

目　錄

上篇　物理性傷害

交通意外是指發生在道路或其他交通場所，因車輛等交通工具導致的人身傷亡事故。有些孩子沒接受過安全教育，有些司機酒後駕車、精神思想不集中或疲勞駕駛，還有不顧後果的飆車，騎車搶道等；這些原因所造成交通事故占意外傷害的首位。

根據兒童的不同生理特性和思維特性，預防車禍的方法也不盡相同，文中分別介紹了一些預防的安全措施。

當一定電流或電能量（靜電）通過人體引起損傷、器官功能障礙甚至死亡，稱為電擊傷，俗稱觸電。

如果發現兒童觸電，作為救助者必須爭分奪秒，充分利用當時事發場所的現有條件，使觸電者迅速脫離電源，然後再採取相應的急救措施。

日常生活中只要仔細或處置得當，兒童觸電意外傷害是完全可以預防和避免的。具體的預防措施，首先家長應普及電學常識教育並遵守安全用電。其次，要加強對兒童的用電常識教育。

窒息就是呼吸停止。呼吸道異物是引起意外窒息的常見原因，嚴重的可因缺氧而導致小兒死亡。

預防窒息最重要的就是避免使孩子出現異物嗆入氣管及火場煙嗆、溺水等意外傷害，同時還要掌握相關的急救措施。

燒傷和燙傷是指由於熱力對人體造成的一種損傷。燒傷一般是由火焰、灼熱的氣體引起的，燙傷則多由液體或固體所致。

兒童在池塘、溝渠游泳或在湖河岸邊行走、玩耍不慎落水是導致溺水的常見原因，失足落井或栽入水缸以及雨天掉入溝坑的情況也屢見不鮮。有些孩子則常因為游泳滑入深水區或腿部抽筋而溺水。

溺水過程極短，溺水急救主要是解決窒息。首先將孩子倒提拍背排空水，再進行人工呼吸。大孩子可俯臥，壓背做人工呼吸。預防溺水最好的辦法就是避免孩子接近有潛在危險的水域。

孩子對任何事情都感到好奇。但由於他們對周圍環境缺乏認識，缺乏控制自己的能力，加上身體動作協調性差，容易發生一些意外創傷；再加上自我保護意識的淡薄（嬰幼兒甚至沒有這方面意識），兒童往往是摔傷、扭傷和碰傷等意外傷害的高發人群。

中篇 化學性傷害

一氧化碳中毒也稱煤氣中毒，是由於吸入一氧化碳氣體而引起的一種機體損傷，少量吸入會出現頭痛、頭暈，大量吸入會造成死亡。

輕度中毒常出現頭痛、頭暈、噁心、嘔吐；中度中毒上述症狀加重，還有面色潮紅，口唇呈櫻桃紅色，多汗，煩躁不安，四肢冰涼，大小便失禁；重度中毒會出現神志不清，

瞳孔散大，血壓下降，呼吸微弱或停止，肢體僵硬或癱軟。

如何預防一氧化碳中毒

一氧化碳中毒多發生在用煤球和煤餅取暖的家庭，所以，在採取這些方式取暖的家庭中，室內一定要裝通風設施，要有煙筒或風斗，要保證煙筒不能漏氣，以避免使室內一氧化碳濃度增高。

孩子誤食農藥中毒怎麼辦

成人或孩子誤食農藥引起的頭痛、噁心、乏力，甚至死亡等症狀叫做農藥中毒。發生中毒後，要查明引起中毒的農藥種類，然後儘快送醫院救治。

毒鼠強中毒的原因及症狀

毒鼠強系神經毒性滅鼠劑，其中毒主要原因是誤服，主要症狀是神經系統、消化系統和循環系統的異常表現，如：嘔吐、昏迷等。

防治毒鼠強中毒的方法有哪些

毒鼠強是國家明令禁止生產的殺鼠藥，所以，要讓人們知道這種藥物的危害性，杜絕其生產、銷售和使用。

食扁豆中毒的原因是什麼

扁豆中毒可能是豆莢外皮的皂素和豆子的紅細胞凝集素對消化道有強烈刺激性，又可溶解紅細胞，引起出血性病變。

扁豆所含的毒性物質能被持續 100 攝氏度左右的高溫破壞掉，炒菜時應充分加熱，使扁豆顏色全變，用水煮，使扁豆失去原有的綠色、生硬感和豆腥味，就不會引起中毒。

野生的蘑菇有些是含有有毒物質的，吃了以後可引起中毒甚至死亡。

儘早排除毒素，讓中毒者大量飲用溫開水或稀鹽水，然後用手指、筷子等刺激咽部，強制催吐，以減少毒素的吸收。

河豚身體的某些部位含有河豚毒素，它是一種很強的神經毒，不小心食用了這些部位的河豚肉之後就會引起中毒。

河豚毒素中毒的發病很急，症狀嚴重，中毒後，消化道症狀出現早，主要有胃部不適、噁心嘔吐、腹痛腹瀉、便血，隨後出現口唇、舌尖及肢端麻木、肌肉麻痺、共濟失調等神經系統症狀。預防方法是加強宣傳，禁止食用河豚。

馬鈴薯輕度中毒者首先有皮膚瘙癢感，或口發乾、胸部

或上腹部發熱、燒灼或疼痛，其後出現胃腸炎症狀，主要表現為噁心嘔吐、腹痛腹瀉，偶有黏液血便等。

預防措施是馬鈴薯應貯存在低溫、無陽光直射的地方，防止發芽。不吃發芽過多、黑綠色皮的馬鈴薯；發芽較少的馬鈴薯，應徹底挖去芽或芽眼，並將芽眼周圍的皮削掉一部分。

所謂霉變甘蔗中毒是指食用了保存不當而霉變的甘蔗引起的急性食物中毒。變質甘蔗的毒性對人體的傷害主要是表現在對人體中樞神經系統的嚴重損傷，也可累及消化系統。出現霉變甘蔗中毒要根據不同的狀況採取不同的治療方法。

下篇　生物性傷害

狂犬病是由狂犬病毒引起的人畜共患的傳染病，俗稱「瘋狗病」、「恐水病」，屬於一種急性傳染病。該病由狂犬病毒引起，主要侵犯中樞神經系統，病情極為兇險，病死率很高。

應避免接觸危險動物，被咬傷後應及時注射狂犬疫苗。

因為並非只有狂犬才攜帶有狂犬病毒，現已發現很多動物的分泌物中也攜帶有狂犬病毒，所以被正常動物致傷也要採取相同措施。

貓抓病，顧名思義，就是被貓抓傷後所患的疾病，它是一種由寵物貓傳播的較常見疾病。

貓抓病患者可持續發熱2個月左右，伴有周身不適、疲勞、關節痛，有皮膚紅斑、體重下降。在免疫缺陷的患者中，可表現為播散性貓抓病，容易患腮腺炎、乳房腫塊、面神經癱瘓、視網膜炎、肝炎、脊髓炎等病症。

蛇毒經傷口並沿淋巴及血液循環擴散至全身，引起一系列中毒症狀。如胸悶、氣促、心悸、煩躁不安、譫妄及全身廣泛性出血，皮膚或皮下組織壞死、發熱、噁心、嘔吐、咯血、嘔血、便血、血尿等。

為防止蛇毒擴散和吸收，應早期實施環形包紮。方法是立即在傷口上方5公分處靠近心臟的一端，用布帶、細繩、橡皮管行環形結紮。如果手指被咬傷可綁紮指根；手掌或前臂被咬傷可綁紮肘關節上……

蛇的視力不好，看不清遠處的東西，對靜止的物體也常無反應，所以，當遇到蛇時應保持鎮靜，原地站立，等蛇自行離去，或打草驚蛇，讓它自動讓路，遠離我們。

蜂毒進入體內，可引起局部刺激、出血及中樞神經系統的抑制。蜇傷，大多數只引起局部反應及疼痛，但嚴重的也可導致死亡。

當被蠍子蜇傷後，立即讓患兒仰臥，迅速取出傷口內的毒刺，並儘快用力擠壓被蜇周圍的皮膚組織，使含毒素的血液流出。有時毒鉤刺得較深，還需手術切開傷口進行排毒。

兒童在玩耍時儘量離草叢和灌木叢遠些，因為那裏往往是蜂類和毒蟲的家園。發現蜂巢應繞行，不要過分靠近。最好穿戴淺色且表面稍光滑的衣物，因為蜂類的視覺系統對深色物體在淺色背景下的移動非常敏感。

物理性傷害

WULIXING SHANGHAI

爲何交通事故占孩子意外傷害的首位

醫學研究和統計資料表明，交通意外事故占孩子意外傷害的首位，交通事故造成的孩子死亡人數占意外死亡總數的一半以上，其原因何在呢？

交通意外是指發生在道路或其他交通場所，因車輛等交通工具導致的人身傷亡事故。車禍占意外事故的首位，因車禍造成的兒童死亡人數占兒童意外死亡總數的50%以上。交通事故屬於物理性傷害之一，主要特點是「意外」，即未預料性。這些「意外」常常是由於麻痹大意所造成的。交通事故未預料往往與對孩子的照顧不周有關。孩子在幾小時之前，甚至十幾分鐘之前還是好好的，突然遭遇車禍便會導致死亡。

時下，中國交通事故在各種類型交通事故中，因自行車引起者占突出地位，孩子在受害者中所占比例也最高。在國外一些發達國家，每年因自行車事故而就診的幾十萬病例中，50%以上為5～14歲的孩子；每年因自行車事故而死亡的1000多病例中，有近2/3是兒童。

在交通事故中，人為錯誤是主導因素。騎車者的主要肇事原因是不遵守交通規則。這包括未成年的兒童騎車上路以及成人騎車帶兒童等情況。孩子（尤其是幼童）是事故的主要受害者，但孩子自身在交通事故中的違規和冒險

行為亦不可忽視。汽車司機方面的原因有：駕車經驗不足，不遵守交通規則，酒後駕車，不繫安全帶，不按規定戴頭盔，精神不集中，不注意觀察路面和交通標誌，不顧後果的「飆車」等。

　　所以，加強對孩子交通事故的預防，將是今後孩子家長及老師防止意外傷害中的重中之重；而家長、老師只有克服麻痺大意的思想，才能做到防患於未然。

預防交通事故的方法有哪些

　　由於交通事故的種類不同，故應採取不同的預防方法，具體措施如下：

1 學齡前兒童

　　學齡前兒童是行走時發生車禍的高發人群，對於這一類兒童的預防建議如下：

　　需要加強看管兒童，不要讓他們獨自在人多或車多的公路上獨自行走；過馬路時，家人要牽著他們的手；不要讓孩子爬到已停的大車下面玩耍，不要讓學齡前兒童騎小三輪車上馬路旁的人行道、機動車道。

　　在托兒所的孩子，老師要經常進行安全教育。實踐證明，經常接受安全知識教育的兒童不但自己注意安全，還能提醒自己的父母和小夥伴注意遵守交通規則。

2 在校的學生

　　學校要積極開展交通安全知識教育，使學生懂得如何遵守交通規則，避免交通事故的發生；學校應採取一定的

　　安全防範措施，減少交通事故發生的可能。如學校門前的路口設專人執勤，在學生上學和放學時護送學生過馬路；放學時學生要排隊，領頭人應手持標誌物。

　　家長要瞭解孩子上學和回家的道路交通狀況，如：是

否有足夠寬的人行道、路燈和路口警察。低年級的學生上學最好有家人護送。要教育孩子遵守社會和學校制訂的各種安全規定和紀律。

3 騎車帶孩子的防範措施

在一些鄉鎮地方，使用自行車幼兒座椅攜帶孩子的情況還很普遍，對此，家長應注意掌握一些基本的常識。如：騎自行車的時候不能攜帶不滿 1 歲或者體重超過 18 千克的孩子；不要讓孩子的手放在剎車和把手的夾縫中，以免剎車時軋傷手指。自行車車輪兩側應安裝塑料擋板，以防孩子的腳捲入車輪。一旦孩子的腳捲入車輪後，應立即停車，將孩子的腳輕輕拉出。如一時拉不出，不要硬拉，可略後退自行車或將夾住孩子腳的鋼絲弄彎，甚至弄斷，然後將孩子的腳拉出，送醫院檢查及治療。

不要把孩子單獨留在自行車幼兒座椅上，也不要當孩子還在座椅上的時候就將車子支在某地。

要用安全帶把孩子固定在自行車幼兒座椅上，必須給孩子佩戴頭盔；選擇有頭部保護裝置、手扶裝置和安全帶的兒童座椅。

騎自行車的時候切記不要用背帶把孩子背在身上；也不要在孩子還睡意朦朧的時候就把他們帶在車上。

騎車時車速要慢，不要爭先搶道，遇到路面不平時宜下車推行，避免因緊急剎車、急速拐彎而造成劇烈顛簸，損傷孩子。

　　不要在汽車道上騎行。要儘量在安全、不擁擠的自行車道上騎車。

　　不要在光線不明或路況不好的地方騎車。此外，還要

定期檢查自行車的各個零部件，特別是剎車是否靈活，孩子的座椅是否安裝牢固。

家長騎自行車接送孩子上托兒所、幼稚園或走親訪友避免了擠車之苦和懷抱幼兒乘車的艱辛，的確給家長帶來了不少的方便，但是，日常生活中因家長的疏忽大意而發生騎自行車的大小事故者並不少見。所以，在騎車帶孩子時，一定要注意避免以上情況的出現，以保證自己和孩子的安全。

4 坐汽車防傷害的措施

兒童乘坐小型汽車時要繫好安全帶。不要讓兩個孩子系一條安全帶。不同年齡段的兒童使用安全帶的方法也不相同。6歲以下的小朋友光有安全帶是不夠的。因為他們的骨盆還不夠強壯，在發生意外時無法支持骨盆內的器官免受撞擊壓力的影響。對於年齡在4歲以下的兒童來說，乘車時應坐在後向式兒童安全座椅裏。在由一家保險公司進行的調查中發現，對於年幼的兒童來說，前向式座椅比後向式座椅發生傷亡或者嚴重受傷的概率要高5倍。因為當兩輛汽車迎面相撞時，坐在前向式座椅上的兒童頭部先是被甩向前方，並被迫向下朝胸骨方向急速彎曲，接著又向後朝上急速彎曲。成年人的頸部都能夠承受這樣的張力，但幼小的兒童則無法承受。

3歲至10歲兒童應墊高座位並繫好安全帶。比較大的兒童無法坐下兒童座椅時，可以選擇兒童安全坐墊，兒童

安全坐墊可以減少在碰撞中對腹部的傷害。兒童被墊高後，就可以使用正常安全帶，這樣便可以保護兒童的胸部和頭頸部，不要小看這個簡單的措施，它可以把兒童受到交通意外傷害的概率減少 80%，從而大大地提高安全效率。

乘車時不要把孩子抱在懷裏。有些父母認為，乘車時讓孩子坐在自己的懷裏，用雙手緊抱著孩子就能夠為他們提供最好的保護。實際上，即使在車速很慢的情況下，這種做法也不一定管用。如果父母懂得一個孩子在高速撞擊事故當中產生的衝力相當於一頭大象的重量的話，就應該將兒童正確固定在座位上，像成年人一樣受到安全帶的保護。汽車的後排座位中間的位置是車內最安全的地方，所以，孩子都應該坐在後排座位上。另外，車內要有防護氣囊。

在乘車時還要注意一些事項，如不要把硬物或尖銳的東西放在車廂內；不要讓孩子動方向盤；駕駛者絕不要回頭與孩子談話，精神要集中，眼睛注視前方的道路；6 歲以下的孩子乘車時，車的後門要用兒童鎖；不要讓大孩子在旅行車的後座上亂跳亂動；不要讓兩個孩子同繫一條安全帶；不要讓大人抱著孩子坐車；告訴孩子車窗不能開啟超過窗面的四分之一，不要讓他傾身或把手伸出窗外；關閉車門前一定要看清楚孩子的手是否放在門邊，如不慎把手夾在門縫裏會造成嚴重損傷，萬一在鎖上車門後才發現，用力開鎖時更是疼痛難忍；教育孩子懂得車停穩後再下車，並要從人行道一邊的門下車，絕不可從馬路一邊的門下車。

兒童交通意外傷害的防治需要從交通法規教育、車輛

路況保養、駕駛員素質和技術養成、成人監護等方面入手，將兒童交通意外傷害和死亡的發生率大幅度降低。

電擊傷是怎麼回事

　　當一定電流或電能量（靜電）通過人體引起損傷、功能障礙甚至死亡，稱為電擊傷，俗稱觸電。雷擊也是一種電擊傷。遭電擊的身體局部表現有不同程度的燒傷、出血、焦黑等現象。燒傷區與正常組織界線清楚。或全身主要臟器功能出現嚴重障礙，如休克、呼吸心跳停止。

　　致死原因是由於電流引起腦組織（延髓的呼吸中樞）的高度抑制，並導致心肌的抑制，心室纖維性顫動。觸電後的損傷與電壓、電流以及導體接觸體表的情況有關。電壓高、電流強、電阻小和體表潮濕時，易致死。如果電流僅從一側肢體或體表側導入地，或體表乾燥、電阻大，可能引起燒傷而未必死亡。輕度電擊者可出現短暫的面色蒼白、呆滯、對周圍失去反應。自覺精神緊張，四肢軟弱，全身無力。昏倒者多由於極度驚恐所至。輕症病人僅覺頭暈、心悸、噁心、面色蒼白、冷汗、震顫，心電圖可見有心肌受損表現。嚴重者可出現強烈的肌肉痙攣、昏迷、心室纖顫、瞳孔擴大、呼吸心跳停止而死亡，常伴有腦外傷、腹部外傷、骨折。電擊局部可出現點狀或大片狀嚴重燒傷，受傷肢體可出現暫時癱瘓，極少數人可出現精神障

　　礙、失明、耳聾、月經紊亂、輕度性格改變等後遺症。高
壓電擊傷及雷擊傷，其後果嚴重，常導致迅速死亡。

　　通常人們遇到的電擊多數是 110 伏的民用電或 220 伏
的工業用電，而不是高壓電。在觸電後的最初幾秒鐘內，

處於輕度觸電狀態，人的意識並未喪失，理智有序地判斷處置是成功解脫的關鍵。觸電後並不像通常想像那樣會把人吸住，只是因為交流電引起肌肉持續的痙攣，所以手部觸電後就會出現一把抓住電源，而且越抓越緊的現象。

吸吮電話分機線的幼兒可引起口腔和唇的燒傷，這種燒傷不僅會引起臉部變形，而且還可造成牙、下頜骨和上頜骨的損傷。另一危險是唇動脈出血，多發生於電擊傷後7～10日焦痂脫落時，約10%的病例會發生這種出血。

觸電後如何進行家庭急救

兒童對外界傷害的認識往往不足，自我保護意識差，常會因為玩弄電源或其他電器而發生觸電事故；觸電原因大多是沒有關掉洗衣機、電視等導電體，用濕手碰觸電器，電線受損，屋外電線斷掉垂落。在夏秋季節，天氣炎熱潮濕，風雨較多，有時會因為觸碰了倒塌電線杆上的電線而觸電。偶見被雷擊中的意外。觸電、雷擊事故，會導致燒傷、呼吸及心跳停止。有時電擊的衝力會使身體整個被彈起，因而造成撞傷、骨折。

當發生觸電的時候，對兒童的身體都會造成一定的傷害。觸電後會引起全身和局部的損傷。

損傷的程度取決於電流強度的大小、電壓的高低、接觸部位的電阻、觸電時間的長短和電流在體內的徑路等。

一般說來，電流越強、電壓越大、電阻越小、觸電時間越長，損傷越重，危險越大。有人做過實驗，當電流達 20 毫安時，肌肉癱瘓，人已不能自動脫離電源；當電流超過 50 毫安時，會引起嚴重休克，如不及時切斷電源，將抑制呼

吸,損害心肌,甚至引起死亡。

　　比較常見的觸電傷害表現為局部燒傷和全身反應。局部燒傷的表現是:接觸電源部位的皮膚、肌肉因高熱而被燒傷,形成黃色或褐色的乾燥創面。在全身反應中,可引起心室纖維顫動而導致心臟停搏,或引起中樞神經系統抑制而致使呼吸停止,這兩者均是導致死亡的原因。電流能使它進入身體以及離開身體的兩處產生燒傷,所以孩子的電燒傷大多發生在身體觸摸電源及接觸地面的兩個部位。儘管這種燒傷看起來面積小,但傷口卻很深。此外,還可發生血管損傷出血,並刺激脊髓發生肌肉麻痺。由於強烈的電流通過全身,可致使全身肌肉強烈的收縮,並可能將身體彈跳後摔傷而脫離電源。這時,可導致骨折及器官損傷而出現相應的症狀。身體也有可能被電源吸引而緊貼電源。觸電者表現為頭暈、心慌、驚恐、面色蒼白、表情呆滯,嚴重者發生昏迷及抽筋,呼吸、心跳停止。

　　兒童觸電時間的會影響到傷害程度。如觸電時間較短,則僅有短時間的頭暈、心悸或輕度噁心感。此時雖程度較輕但也需去醫院檢查,醫生將會進行心電圖檢查。有時出現結性節律或期前收縮,這是由於電流對心臟傳導系統有強烈刺激作用引起的。對輕度期前收縮,經觀察治療後,往往能很快恢復。但必須注意,頻發的室性期前收縮可轉為室性心動過速,若不及時處理,即可轉為心室纖維顫動而導致死亡。而這一過程,正是電擊傷由輕到重的表現,必須及時處理。如果觸電時間長,流經身體的電流量

就大，必然會加重機體的損害。患兒會處於昏迷狀態，血壓迅速下降，呼吸快而淺，以至停止。心律不規則，甚至心室纖維顫動，心跳停止。

電壓不同，造成的觸電傷害也不同，低壓電流造成的灼傷創面小，邊緣規則，與健康皮膚分界清晰。創面呈焦黃或褐黑色，可以深達皮下脂肪層，多數見於手臂及腳。高壓電或閃電擊中的燒傷，則面積較大，傷口深，有時甚至見到電傷烙印或閃電紋。

如果發現兒童觸電，作為救助者必須爭分奪秒，充分利用當時當地的現有條件，使觸電者迅速脫離電源。絕不可用手直接去拉觸電者，這樣不僅使觸電者再次充當導體增加了電流的損傷，而且使救助者自身的生命安全受到電擊的威脅。正確的救護方法是使觸電兒童脫離電源。

具體步驟如下：

1 關閉電源：如觸電發生在家中，可迅速採取拔去電源插座、關閉電源開關、拉開電源總閘刀的辦法切斷電流。

2 挑開電線：如果人的軀體因觸及下垂的電線被擊倒，電線與軀體接觸很緊密，附近又無法找到電源開關，救助者可站在乾燥的木板或塑膠等絕緣物上，用乾燥的木棒、扁擔、竹竿、手杖等絕緣物將接觸人身體的電線挑開。

3 脫離電源後迅速檢查病人，如呼吸、心跳已停止，應立即進行人工呼吸和胸外心臟按摩。如果通過人體的電流很小，觸電的時間也短，脫離電源以後孩子只感到心慌、頭暈、四肢發麻。這時候，要讓孩子休息 1～2 小時，並有人在旁守護，觀察呼吸、心跳情況，一般不會發生生命危險。皮膚燒傷處敷消炎膏以防感染。但如果讓患兒立

即走動，也有可能引起死亡。

４ 如果孩子的觸電時間較長，或者通過其身體的電流較大，或者是電流從右手到左腳，此時電流通過人體的重

要器官如心臟和中樞神經系統等，損害就會很嚴重。受傷兒童會表現為面色蒼白或發紫，昏迷不醒，甚至心臟、呼吸停止。這時就應該分秒必爭地進行現場搶救，立即做口對口呼吸和心臟按壓。

　　口對口呼吸是將患兒仰臥位，頭部儘量後仰，操作者一隻手托起患兒的下頜，以防舌後墜阻塞呼吸道，另一隻手捏緊患兒鼻孔，以免吹氣時，氣體從鼻孔跑出。自己深吸一口氣對準病人的嘴，均勻用力將氣吹入。可看到患兒胸廓擴張，吹氣後，感到患兒口中有氣流呼出，才算有效。如此反覆進行。通常每分鐘 12～16 次為宜。只要患兒肺臟正常，呼吸道通暢，操作者吹入病人肺內空氣的含氧量可以保證患兒的生理需要。如果只有 1 人進行胸外按壓和口對口呼吸，可每做 15 次心胸按壓後，再做兩次口對口人工呼吸，交替進行。

　　對幼兒做對口吹氣時，鼻孔不要捏緊，讓其自然漏氣，並適當減少吹氣量，避免引起肺泡破裂；如果使兒童張嘴有困難，可將其口唇緊閉住，救護者將口對準患兒鼻孔吹氣。吹時用一隻手掌的外緣壓住患兒的額部，另一隻手托在頸後，將頸部上抬，使頭部充分後仰，搶救者先吸一口氣，然後緊湊患兒的嘴巴或鼻子大口吹氣。吹氣完畢後，立即離開患兒的嘴，孩子的胸部自然回縮，氣體從肺內排出。吹氣時間短些，吸氣時間長些，兩者比例約為1：2。以後按照這種方法繼續操作，每分鐘 20 次左右，搶救至患兒恢復呼吸為止。

　　如果此時心臟也停止了跳動，必須在人工呼吸的同時，進行胸外心臟按壓。心臟按壓的有效指標是：按壓心臟時，在頸部和大腿根部可摸到大血管搏動，發紫的口唇漸轉紅潤，散大的瞳孔開始縮小，病人開始有呼吸。胸外心臟按壓一般人都可進行。將患兒放在硬地或木板上，搶救人在孩子的一側或騎跨在其腰部兩側，一手的掌根放在孩子胸骨中下部，另一隻手按在第一隻手的手背上，有節奏地按壓胸骨下半段及與其相連的肋軟骨，使其下陷約 3 公分，速度每分鐘 80 次左右，按壓和放鬆時間大致相等。搶救嬰幼兒時可把一手放在胸骨中下 1/3 處（心口窩至頸部下 1/2 處的胸骨上），用掌根按壓，使病人前胸下陷 3～5 公分，擠壓後立即放鬆。就這樣有節律地進行。人工呼吸和胸外心臟按摩要堅持不懈地進行，直至傷患清醒。

　　⑤觸電者脫離電源後往往神志不清，救助者應立即進

行下一步的搶救。鬆解影響呼吸的上衣領口和腰帶，使其呈仰臥位，頭向後仰，清除口腔中的異物以保持呼吸道通暢。有條件時直接給予氧氣吸入更佳；在就地搶救的同時，儘快呼叫醫務人員或向有關醫療單位求援，請急救中心派醫生前來搶救。

幼兒的唇部電擊傷，應求助於兒童牙科醫生或能熟練檢查及善於對這種病傷做長期醫療的口腔外科醫生。

觸電傷害能不能預防

在日常生活中，只要時刻警惕和處置得當，兒童觸電意外傷害是完全可以預防和避免的。

具體的預防措施：

1️⃣ 應普及電學常識教育並遵守安全用電。任何可能接觸或被人體接觸或威脅生命危險的電器，均應有良好的接地，並在電路內裝有保護性的斷路裝置。接地故障電路斷開器在低至 5 毫安的大地漏電時，能跳閘而切斷電路，並且很容易買到。定期檢查維修電器設備，遵守用電規定，不能亂拉接電線，不能在通電的電線上曬衣物，不能接觸斷落的電線。

2️⃣ 平時要教育兒童不要玩弄電器，尤其是不要用濕手觸摸電源、電器等，屋內用拉線開關較安全。

③ 定期檢查電氣裝置及漏電開關是否正常。有電線斷落處不可走近，並應及時修理。

④ 預防閃電雷擊包括瞭解有關的常識和採取適當的防護裝置，要注意天氣預報和尋找適當的雷雨躲避處。最好在雷雨天避免兒童外出，不要他們站在高牆上、樹木下、電杆旁或天線附近。

意外窒息有什麼害處

　　窒息就是呼吸停止，氣管進入異物是較常見的兒童意外窒息原因，也是引起 5 歲以下幼年兒童死亡的常見原因之一。異物種類繁多，如花生米、瓜子、果凍、玩具零件、鈕釦甚至鐵釘、硬幣等。此外，也有因被子蓋住嬰兒臉部、產婦餵奶時不小心乳房堵住嬰兒口鼻而導致窒息死亡的。近年來，小兒氣管異物發生率呈上升趨勢，原因與小兒零食增多有關。

　　在呼吸道不同部位進入異物會有不同的表現。首先，當異物被嗆入喉部後，常常出現劇烈的咳嗽、氣悶、呼吸困難、聲啞和臉色發紫等症狀。喉部阻塞嚴重的病例，由於呼吸驟然困難，缺氧嚴重，可在數分鐘內窒息。異物進入氣管初發時的症狀往往和喉部異物相似，接著進入比較平靜的間歇期，以後異物可能引起陣發性刺激性咳嗽、呼吸困難和臉色發紫等現象。此外，呼吸時可聞氣流通過異物處而發出的喘鳴聲，用手捫及氣管上部有異物撞擊的感覺。如呼吸道異物阻塞嚴重，會立即窒息而引起死亡。

　　幼小的孩子容易發生異物嗆入氣管，因為他們雖會吃些東西，但又不能充分嚼爛。小孩愛把一些東西放入嘴中，一旦發現這種情況，要迅速取出異物，不然的話有可能會誤入氣管。小兒牙齒未出或出而不全，咀嚼功能也沒

有發育成熟，吞咽功能尚不完善，氣管保護性反射不健全。當異物落入氣管後，最突出的症狀是劇烈的刺激性嗆咳，由於氣管或支氣管被異物部分阻塞或全部阻塞，出現氣急憋氣；也可因一側的支氣管阻塞，而另一側吸入空氣較多，形成肺氣腫；較大的或棱角小的異物（如大棗）可把大氣管阻塞，短時間內即可能發生憋喘死亡。

　　還有一種軟條狀異物，如粉條等食物，吸入後剛好跨置於氣管分支的嵴上，像跨在馬鞍上，雖只引起部分梗阻，卻成為氣管內的刺激物，患兒將長期咳嗽、發熱，也會導致肺炎、肺膿腫形成，甚至會導致孩子死亡。所以，父母必須特別的重視。

　　對於幼兒，家庭都會給予精心的照料。特別是寒冷天氣裏，要當心受涼，需要保暖。但是保暖不當，裹得緊緊的，蓋得嚴嚴密密的，也有問題，或者會出現「過暖綜合徵」，嚴重的也會出現窒息。

　　「過暖綜合徵」的臨床病理症狀主要表現為皮膚發燙，神志不清，雙眼定神，四肢僵直，體溫不升，血壓下降，嗜睡，窒息。

　　「過暖綜合徵」主要是因為蓋得過暖、過於嚴實，因而造成慢性不全性缺氧，並因為缺氧及大汗淋漓，就可能導致一系列的病變，可直接損害腦神經，缺氧嚴重者可在1～2天內死於心源性休克。

　　另外，嚴重的觸電、撞傷、摔傷、頭部震傷、火場煙嗆或溺水等都可以引起兒童窒息，並常危及生命。

怎樣防治意外窒息

意外窒息的救治方法

當孩子出現異物嗆入氣管發生窒息的情況時，家長千萬不要驚慌失措，更不要試圖用手把異物挖出來，可採用以下兩種方法儘快清除異物：

首先，可以採用倒立拍背法。做法是家長可立即倒提起患兒的雙腿，頭向下垂，同時輕拍其背部。這樣可以由異物的自身重力和嗆咳時胸腔內氣體的衝力，迫使異物向外咳出。其次是推壓腹部法。讓患兒坐著或站著，救助者站其身後，用兩手臂抱住患兒，一手握拳，大拇指向內放在患兒的臍與劍突之間，用另一手掌壓住拳頭，有節奏地使勁向上向內推壓，以促使橫膈抬起，壓迫肺底讓肺內產生一股強大的氣流，使之從氣管內向外衝出，逼使異物隨氣流直達口腔，將其排除。

氣管異物過大不易衝出時，患兒呼吸受阻。會有生命危險，應火速托起下頜，做口對口吹氣，目的是將堵在聲門的異物吹下。

當異物吸入喉內時，立即發生嗆咳、氣急、聲嘶等症狀，家長應讓孩子保持安靜，不要阻止咳嗽，有時由咳嗽，也可將異物咳出。出現氣急，說明異物已經進入呼吸

道，切不可用手到患兒口裏去掏取，也不要採用大塊食物強行咽下，以免刺激咽部，引起噁心、嘔吐，聲門及喉頭痙攣、水腫，加重呼吸困難。

由嚴重的觸電、撞傷、摔傷、頭部震傷、火場煙嗆或

溺水所引起的窒息，先應搶救窒息。兒童若出現昏迷、面色青紫或蒼白，但心跳有力，可用耳朵聽小兒的鼻孔，如無出氣，立即用嘴吹小兒口鼻，同時注意小兒胸部是否隨之起伏，如無起伏則用手把小兒下頜托起，使頭向後仰，

吹氣時要使小兒的胸部連續起伏，直到恢復自主呼吸為止。

如果上面這些方法無效或情況緊急，應立即將患兒急送醫院，醫生會根據病情施行氣管鏡鉗取術或做氣管切開術。

意外窒息的預防方法

1 首先，要進行宣傳教育，告訴孩子在進食時不要隨意說話，不要大笑等。不要讓孩子把小玩具和硬幣等放入口中。

2 其次，加強對孩子安全的保護，避免觸電、撞傷、摔傷、頭部震傷、火場煙嗆或溺水等情況的發生。

3 另外，在兒童睡眠時添加被褥保暖要注意溫度的把握，不可加得太多，以免出現「過暖綜合徵」。

區分燙傷與燒傷的方法有哪些

燒傷和燙傷是指由於熱力引起的一種損傷。燒傷一般是由火焰、灼熱的氣體引起的，燙傷則多由液體或固體所致的人體傷害。但這兩種損傷一般情況下被統稱為燒傷，而燙傷被認為是燒傷的一種損傷形式。

電流、熱水、火焰、強酸、強鹼等都可使人體發生不同程度的燒傷。輕者小面積皮膚潮紅、起水疱，重者大面

積皮膚燒焦，肌肉和骨骼壞死，造成終身殘疾甚至危及生命。如能及時做好現場急救，就可減少傷殘和死亡率。

　　由於小兒在成長過程中對周圍事物逐漸感興趣，活動增多而運動功能尚不完善，動作不夠協調，常易碰倒水

瓶，打翻鍋子，跌入盛有熱水的浴盆而致燙傷。新生兒和小兒大多因用熱水袋保暖未妥善處理而發生燙傷。

小兒因年幼無知，不懂如何保護自己避開危險物品，又以家庭內活動居多，故燒傷多數是被沸水、熱湯、熱粥所致。少數為火焰燒傷，也有因誤服化學物質或跌入氨水池、石灰池引起燒傷、燙傷。這種燒傷、燙傷常發生在夏秋和冬季。皮膚表層燒傷、發紅，或感覺過敏，燒傷處感到劇痛，表面有時乾燥無水疱，但有時可見到局部紅腫，並有水疱生成。

小兒燙傷在急診中占較大的比例。燙傷的發生，輕者燙傷部位留下了瘢痕，重者危及生命。小兒體內器官的發育尚不完全，即便受到輕微損害，也會引起痛苦。如果燙傷占全身表面 5% 以上，就可以使身體發生重大損害。燙傷後局部血管擴張，血漿從傷處血管中滲透出來，血液循環受到影響，組織缺氧，後果嚴重。

燒傷是一種常見的意外事故，80% 是在家庭中發生的，其中 50% 以上是兒童。常見造成燒傷的物體有電力、火、蒸汽、汽油、煤氣、開水、炸藥、沸湯、化學物品以及放射線等。3 歲以下兒童的燒傷多為燙傷所致。兒童皮膚嬌嫩，同樣的熱力在他們身上造成的損害遠比成人嚴重。成人燙傷部位的面積占全身體表面積的 20% 以上，小孩則在 10% 以上者就算是嚴重燙傷，就會發生休克。若燙傷的體表面積占 30% 以上就可能會有生命危險，需進行特別的治療。（估算體表面積的方法：一個手掌約占 1%，

一隻胳膊或一條腿約占 9％）。

　　小兒燒傷與成人相比有如下特點：小兒總血量與體表面積的比值較成人小得多，同樣面積燒傷後的液體滲出量對小兒血容量的影響大得多，所以，同樣燒傷面積的小兒更易發生休克、脫水和酸中毒；小兒皮膚菲薄，即使接觸溫度不是很高的物體也可導致燙傷；小兒對各種感染的抵抗力較差，因而燒傷後敗血症和毒血症的發生也較多見；小兒對熱物的回避反射不迅速，易與熱物接觸較久的時間，因而在與成人同樣情況下，小兒易發生較深的燒傷；小兒身體小，體表面積與身高、體重的比值卻相對較大，同樣一壺開水，對於成人可能只燙傷一條腿，而對於小兒就可以燙傷身體的大部分甚至全身；因此，做好預防是每個家庭、家長的一項重要任務。

　　隨著日常生活中家庭使用化學藥品的比例增加，所以小孩因化學藥品燙傷的事故時有發生。如果鹽酸、硫磺、苛性鹼等濺到身上，需立即用自來水沖洗掉，並將穿著的衣服脫下。即使是少量的化學藥品，只要殘留於皮膚上，都會侵害皮膚深層組織，所以，一定要將皮膚上的藥品完全清除乾淨。

　　皮膚清洗乾淨後，不要自行塗藥，應用乾淨的布蓋住立刻送醫院治療，同時不要忘了帶上致傷化學藥品的容器，讓醫生辨認後對症治療。

　　嬰幼兒不能長時間直接曝曬於日光下。因為皮膚曝曬於太陽下，有時也會引起曬傷，不但會曬紅，還會起水

疱。所以，只需持續每天做 10～30 分鐘的健康日光浴，皮膚就不會曬紅發炎。可在曬傷的部位蓋上浴巾後用冷水冷卻。若顯得疲憊且有發熱情形出現時，應讓小孩在陰涼的樹蔭下休息，並給予充足的水分，以預防脫水症的發生。

　　燙傷的嚴重程度一般與燙傷的面積和深度有密切關係，目前普遍採用三度四分法來判斷燒傷程度以估計其預後效果。

> **Ｉ度（紅斑性）：**
>
> 　　局部出現紅斑及輕度水腫、紅、熱、痛，無水疱，表面乾燥，無感染。但皮膚有燒灼樣疼痛，一般 2～3 日內症狀消退，3～5 日痊癒，皮膚脫屑，不留瘢痕。

　　處理措施：用乾淨冷水沖洗 30 分鐘左右，即使不去醫院也可以不留瘢痕而痊癒。此程度的燙傷，如果能做好緊急處理，治癒後，並不會留下任何瘢痕。

　　燙傷時，先用冷水沖洗燙傷部位 30 分鐘左右，將燒傷部位沖洗乾淨，如手足部位的灼傷可將患部浸入冷開水中 30～45 分鐘以止痛，傷面切勿隨便塗不清潔的油，以免引起感染。一般不需要包紮，傷面可塗上萬花油、必舒膏等止痛。在身體易摩擦和碰傷的部位可用凡士林包紮，1 週後可自行癒合。

　　對於燒傷後局部出現的小水疱應加以保護，不應將其挑破，以免感染。對較大的水疱，可在消毒條件下在水疱

的底部挑破，讓其中的滲出液流出，但仍保留水疱的表皮，這對局部仍有保護作用，經 1 週左右，水疱會結痂、乾燥而自行癒合。

> Ⅱ度（水疱性）：可分爲淺Ⅱ度和深Ⅱ度燒傷。
>
> 淺Ⅱ度燒傷是表皮損傷，部分可達到眞皮淺層，有較大水疱、水腫較明顯，有劇痛，皮膚感覺過敏，如無併發感染，2 週左右癒合，不留瘢痕，短期內有色素沉著。
>
> 深Ⅱ度燒傷是眞皮破壞，局部皮膚水疱較小，水腫明顯，有疼痛，皮膚感覺往往較遲鈍。一般 3～4 週痊癒。可能會留瘢痕。

處理措施：此程度的燙傷，若直接用清水沖洗反而會加重傷勢，所以應將患部放入盛有冰水的洗臉盆後，再開自來水流入臉盆使患部冷卻。只要冷卻 20～30 分鐘即可舒緩疼痛，並可防止皮膚深層組織受到破壞。待傷口確實冷卻後，再用消毒紗布覆蓋患部以防細菌感染。

穿著衣服被熱水澆濕或衣服著火而被燒傷時，應立刻用冷水由衣服表面沖下，或將覆蓋著衣服的患部直接放入盛滿水的浴缸等容器裏，等患部確實冷卻後再將衣服脫掉。若脫衣服時有一部分布黏在皮膚上，千萬不可勉強將布剝掉，保持現狀即可。燙傷的皮膚確實冷卻後，為了預防細菌感染，需用乾淨布或殺菌紗布蓋住患部，立刻送醫院急救治療。若患部範圍大，則需呼叫救護車。

Ⅲ度（焦痂性）：

燒傷波及皮膚全層，包括皮下組織、肌肉、骨質，皮膚蒼白或焦黃炭化，乾燥，呈皮革樣，皮膚疼痛輕，感覺遲鈍，失去彈性，一般 3～4 週焦痂脫落，出現肉芽面，癒合較慢，除小面積燒傷可由周圍上皮爬行癒合外，其他常需植皮而癒。癒合後會留有瘢痕或局部畸形。

　　處理措施：用冷水充分冷卻患部後，立即送醫院急救治療。對於嚴重的燒傷若不馬上送醫院作適當的治療，皮膚會縮皺，關節的運動功能也會出現障礙，要特別注意。

　　根據相關調查統計，家庭中的意外燒傷和燙傷比工業中發生的燒傷高 15 倍以上，其中 50％ 以上是兒童，尤其是 3 歲以下兒童的燒傷更為多見。燒傷主要發生在家庭中，採取適當的舉措就可以避免發生。為了預防這些意外事故，希望家長們注意做到以下幾點：

　　熱粥、熱水、熱的炊具及其他容易引起燒傷、燙傷的東西不要放到孩子能摸到的地方；教育孩子不要玩火，熱的東西是危險的，爐旁要有圍欄；倒開水、端熱飯、熱鍋的時候要提防孩子突然跑過來；給寶寶洗澡時，要先調好溫度，再把孩子放進浴盆，以免燙傷；不要單獨把孩子放在家裏，如果家長不得已必須外出時，請儘量安排他人在家照看孩子；家長因事外出時，不要在家裏留下任何火種，並檢查各類電源的安全性；暖瓶要放在孩子搆不到的地方；吃飯時不要將剛從鍋裏盛出來的熱湯放在孩子能夠

碰到的地方；大人不在的時候，不要在爐上燒開水和熬湯；家庭使用電爐、電取暖器時，要安裝防護罩；使用電熱毯取暖時，熱後要關掉開關，以防家裏失火；兒童淋浴時，把水調好再讓兒童進去，不要先讓孩子進去再調水，使孩子燙傷；教育孩子不要去動電插頭，手不要觸及簧片，以免觸電燒傷。

兒童溺水的原因有幾種

人落入水中之後，不能忍受長時間缺氧而開始呼吸，致使水經呼吸道進入肺部，引起激烈的咳嗽，如果較長時間處於這種狀態，不能及時脫離，就會造成窒息死亡，這就是溺水。

溺水是兒童時期常見的意外事故，也是兒童意外死亡的主要原因之一，溺水主要發生在海邊，多為男童，多發年齡段集中在國小高年級和國中，高發季節為夏季，絕大多數死在溺水處或送往醫院的途中。

家中無人照管或疏於照管，兒童在池塘、溝渠或湖河岸邊行走或玩耍不慎落水是導致溺水的常見情況，有時兒童失足落井或栽入水缸以及雨天掉入溝坑亦屢見不鮮。

在城市中，年紀較小的溺水兒童常常是因為在河邊或公園的湖邊玩耍而失足落水，而年齡較大的孩子則常因為游泳滑入深水區或腿部抽筋而溺水。還有許多的幼兒溺死

事件發生在浴缸裏。如果溺水救治不及時，會因大腦缺氧而留下智力減退等後遺症，甚至導致死亡。還有些孩子由於掉入沒有蓋子的窨井而溺水死亡。現在的新建住宅中還有不少近水、臨水社區，如果看護不當，也往往成為孩子失足落水的危險地區。

兒童溺水在主觀方面的原因主要有以下幾種：

1 游泳池管理失誤，沒有在池內設立區分淺水區和深水區的醒目標誌，初學游泳者誤入深水區，加上池內缺乏完善的救護措施，導致溺水發生。

2 兒童缺乏對危險的辨別和防範能力。在人的幼年時期，辨別、應急和自我保護能力等都較弱；另外，還有些兒童是因為活潑好動，缺乏危險的防範和警覺意識。

3 農村托幼機構不健全，家長常年因忙於農事而忽視照顧兒童，常造成小兒嬉水或在河塘邊玩耍時不慎掉入水中，是導致農村兒童溺水的主要原因。

4 許多國小和國中學生缺乏安全觀念，私自去非開放水域嬉水或游泳，因為不瞭解水情，體力不足，或缺乏游泳技能而發生溺水。更大年齡的學生常在暑假期間結隊或三兩同行，自行到江河、湖泊中游泳，因經驗不足、技能有限，有時盲目冒險，容易發生意外；發生意外時的自救或互救能力都不足，常導致溺水死亡。

5 下水前沒有必要的準備活動，下水後受冷水刺激引起肢體肌肉抽搐，失控而下沉。或者不熟悉水域，被水草絆住，無法脫身。

溺水引起死亡的主要原因有兩種：

1 是大量的水被灌入呼吸道，引起呼吸道堵塞，窒息死亡。

　　2 因為少數小兒由於入水後，受驚、恐懼、驟然寒冷等的強烈刺激，引起反射性喉頭痙攣，以致呼吸道完全梗阻；所以，雖然水分並未進入呼吸道，但是仍然可能由於缺氧而造成窒息。此外，在呼吸道進水之後，水的刺激會

引起兒童喉頭痙攣導致呼吸驟停或心跳停搏。此時,即使進入肺內的水量不多也可導致死亡。

據研究,溺水後平均5～6分鐘,呼吸和心跳即完全停止。一部分人溺水後發生喉頭痙攣或心臟突然停搏,死亡時間更短。在發生溺水情況時,人體首先會出現一種保護性的反射措施,即呼吸暫停;經過1～2分鐘,由於缺氧又開始呼吸,水分被吸入呼吸道。此時因各種反射仍然存在,可能發生劇烈嘔吐,嘔吐物又可被吸入,引起呼吸道阻塞。由於嚴重窒息缺氧,意識已幾乎喪失。經過1.5分鐘左右,呼吸停止或停止後暫時恢復,繼續吸水,意識則會完全喪失,瞳孔散大,約再持續1分鐘,呼吸完全停止,繼之心跳停止。小兒發生溺水後,多數由於驚慌、劇烈躁動,加之體力較弱,死亡過程可能會發生的更快。

兒童淹溺多是由於家長和保教人員宣傳教育不夠、管理照顧不到所造成。因此,加強這方面的工作是預防溺水的重要措施。

溺水的急救與預防措施有哪些

溺水過程極短,搶救必須分秒必爭,因地制宜。所以對溺水者的搶救最重要的就是時間,如果做的及時,挽回生命的希望就很大。一旦發現兒童溺水應立即搶救。如果救護者不會游泳,可將竹竿或木板等物拋給溺水者抓住,

再拖其靠岸，同時呼喚他人前來幫助，不容許稍有延誤。
會游泳的救護者應迅速將溺水者救出水面。

　　急救的要點是立即傾出溺水者呼吸道內積水，促其呼
吸，恢復心跳。如果是在淺水中撈出時，在運往岸邊的過

程中，營救者可雙手托住小兒腹部高舉過頭，令其腰背向
上，頭腳下垂，呼吸道內的水自然流出，同時雙側手臂不
時顛顫舉動，一方面促使水流出，一方面起到人工呼吸的
作用。若為深水溺水，救護者應從其背部托著頭或拉住胸
部游泳上岸，使患兒鼻口露出水面。

　　溺水急救主要是解決窒息。首先將孩子倒提拍背排空
水，再進行吹氣人工呼吸。大孩子可俯臥，壓背做人工呼
吸。

　　發生兒童溺水後應進行現場搶救，以便在醫生趕到或
送往醫院前，保持生命的延續性。

溺水的急救方法是：

　　1 以最快的速度清除溺水者口鼻中的泥沙雜草及分泌
物，保持呼吸道通暢，並將其舌頭拉出，以免堵塞呼吸
道。由於水吸入呼吸道及肺部造成窒息，一般在小兒撈出
水面時首先迅速倒水，以保持呼吸道通暢。將小兒腹部置
於搶救者屈膝大腿上，使患兒頭部下垂，然後按壓背部，
使口咽及氣管內的水倒出。如溺水者為幼兒，可在水中進
行倒水，可將其背向上，雙手托住小兒腹部，高舉過頭，
小兒口鼻應露出水面背向上，頭腳下垂，讓呼吸道的水自
然流出。

　　倒水時為了盡快讓溺水者肺內吸入的水自然流出，將
溺水者腹部墊高，胸部及頭部下垂，或抱其雙腿，腹部放
在急救者的肩上來回走動或跳動；也可將孩子抱起，頭足

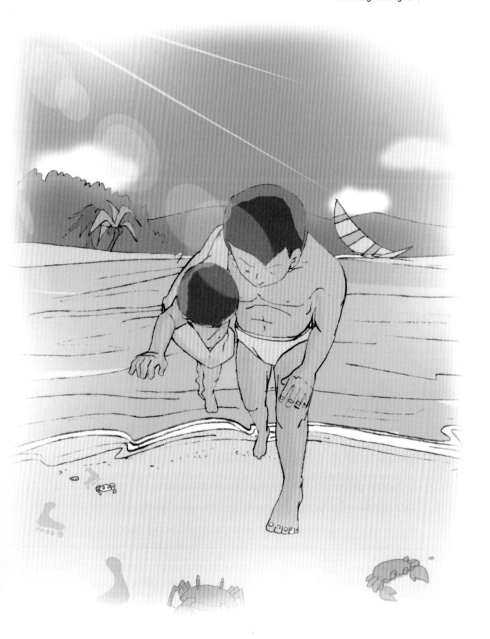

下垂，並不時顛顫以傾倒呼吸道內積水。如無呼吸道阻塞者不必倒水。如倒不出水，應立即停止，然後做口對口人工呼吸及胸外心臟按壓。

2 把溺水者平放在平地上，解開其衣扣和腰帶；如無呼吸或脈搏也摸不到時，立即進行口對口人工呼吸和胸外心臟按壓，注意心臟按壓與人工呼吸的比為 4：1。當救護者將溺水小孩救出水面迅速倒水後，應立即做口對口人工呼吸。口對口，或口對鼻進行人工呼吸，通氣量大，因此對溺水小孩現場搶救時應採用此法。口對鼻人工呼吸適用於牙關緊閉者及幼兒。搶救者先深吸一口氣，從溺水者的口鼻吹入，當患兒的胸部稍有起伏時，吹氣停止，依次反覆。如吹氣後無胸廓隆起，應找出原因，可能由於吹氣量不足、氣道阻塞或體位不當等，常見原因為頭充分後仰不夠，如果溺水小孩心跳停止，則應在人工呼吸的同時作胸外心臟按壓。急救者跪在患兒一側，兩手相疊，用手掌根部放在患兒胸骨下方、劍突之上，借自己體重，向下壓，然後解除壓力，讓胸廓自行彈起。根據小孩大小，人工呼吸每分鐘做 18～25 次，胸外心臟按壓每分鐘 80～100 次。搶救者在救護車或醫生到達前，一定不要放棄人工呼吸。如果出現脈搏，即使很弱，並無呼吸時，仍應該繼續進行口對口人工呼吸。

3 如果孩子救出水面時雖神志不清，但有呼吸，應把小孩置於正常仰臥位，用身邊已有的乾衣服給他蓋上保暖，密切注視其呼吸情況及神志不清的程度，一旦呼吸停

止，立即進行人工呼吸。同時打求救電話，隨時送醫院。

對於呼吸、脈搏正常溺水者，經過「倒水」之後，回到家裏後進行漱口，喝些薑湯或熱茶，並注意保暖，讓孩子安靜入睡；如出現異常情況，應及時送到醫院就醫。

對溺水的防治知識教育，應成為學校健康教育課的必修內容。

溺水的預防方法是：

1 游泳安全教育。包括：學會識別不良的周圍環境因素，有充分的危險防範意識；瞭解溺水的預防措施，下水前做好充分的準備活動；游泳時根據體力和水性量力而行，在饑餓和疲勞等情況時不下水；掌握一些自救和互救的方法技能。

2 家長要提高防範意識，管好幼兒，反覆叮嚀小兒不要單獨去河邊、湖邊和塘邊玩耍；外出時要把孩子託付專

人看管。有關單位應在事故易發地點設置醒目標誌，採取相應設施，如路障、柵欄、隔離網等。經常教育和提醒已上學的孩子不要擅自到江河、湖塘或偏僻地段去游泳。

孩子**意外摔傷**或**碰傷**後的 **急救**和**預防措施**

孩子對任何事情都感到好奇。但由於他們對周圍環境缺乏認識，缺乏自我控制能力，加上動作協調性差，容易發生一些意外創傷，再加上自我保護意識的淡薄（嬰幼兒甚至沒有這方面意識），兒童往往是摔傷、扭傷和碰傷等意外傷害的高發人群。這給家庭和社會都帶來了很大的煩惱，所以，身為父母應該對其有所瞭解，掌握必要的急救措施，並做好相應的預防工作。

導致兒童受到以上傷害的原因主要有：

1 高層樓房逐年增多，有的陽臺、門窗、樓梯缺乏保護裝置，易導致兒童墜落。

2 小兒好奇心強，喜歡爬高，有的父母沒有防護意識，常常讓其獨自玩耍，還有的父母外出將小兒反鎖房中，孩子由於恐懼由陽臺或視窗翻出而造成墜落。

3 不小心從板凳、床上掉下來，造成摔傷；

4 打鬧時不小心摔個跟頭，造成頭面部、前臂或肘關

節損傷，有時也會造成小孩腹部臟器的損傷。

5 登高時摔傷，造成大腿股骨損傷；

6 摔傷後，腦部先著地，造成腦部的損傷；

7 室內結構和佈局不合理。

孩子摔傷和碰傷之後的家庭救治措施有：

1 頭部受傷的救治措施。

家庭急救措施有：

①沒有明確行為意識的幼兒受傷後的救治措施：

幼兒從會翻身開始，就難以避免滾下床或從高處摔下來。若幼兒跌跤時頭著地，但隔一會就停止啼哭，且無嘔吐等其他症狀，那麼大腦受傷的可能性就很小。如果頭部損傷嚴重，孩子會出現嘔吐、頭痛、嗜睡等症狀。此時應儘快請醫生診治，並讓小兒靜臥 2～3 天，在孩子跌跤後的第一晚，應喚醒孩子兩次，以瞭解孩子的神志是否清楚。若孩子跌跤後當場（或稍後）失去知覺，那麼，得馬上接受醫生的檢查。如果孩子總說頭痛，眼睛看不清東西，或嘔吐，即使神志清楚，也應馬上請醫生檢查。如果沒有其他症狀，只是在頭面部出現一個腫塊，這並不意味著什麼嚴重問題，這是由於皮下血管破裂引起的，用「喜療妥」等外敷即可慢慢痊癒。

②有一定行為意識的幼兒受傷的救治措施：

頭部輕度碰傷的救治措施：

A. 冷敷。將毛巾等織物弄濕或用冰塊，冷敷淤血或腫

脹處，這樣可消除腫脹和疼痛。

B. 消毒。用雙氧水消毒傷口，如有出血時，可覆蓋乾淨的紗布，加壓止血。

C. 墊高頭部平躺，儘量不要移動。如需要移動，可由2～3人平穩地抬起患兒，輕輕搬運。

D. 保持安靜，細心觀察。頭面部受傷的兒童，表面上雖沒有什麼症狀，但有時經過一段時間後情況會惡化，所以要讓患兒安靜休息1日左右。以便觀察。

② 頭部受到強烈撞擊發生昏迷時的急救措施。

①採用呼吸順暢的體位。先仰臥，使下頜向上揚起，讓氣管擴張、氣道通暢；再將臉偏向一側，除去嘔吐物，以免阻塞咽喉。避免移動身體，使其就地平躺。一般不要隨便移動頭部和頸部，若必須移動時，一定要幾個人同時抬起患兒，輕抬輕放，千萬小心。

②止血。傷口有出血時，用消毒紗布或乾淨的布塊壓迫止血。鼻和耳朵出血，不要用填塞東西的方法來止血，只要擦去血液即可。

③使身體保持溫暖。出血較多時，身體會特別冷，所以要加蓋毛毯、被子等物品，使身體保持溫暖。

④給予安慰。對於意識清醒的受傷兒童，可以用適當柔和寬慰的語言安慰他。但不能搖晃和吵鬧，要保持安靜，避免再次受到刺激。

⑤在採用保護和急救的同時，迅速準備送醫救治。

③ 頜骨摔傷或碰傷時的救治措施：

頜骨折裂通常只是一側受傷，而且口腔內往往有傷口。受傷兒童可能說話不便，其唾液中常帶有血跡。其急救方法是：

①必須立即清除口腔中的血液和雜物。

②臨時用紗布做個墊托，放在下巴尖，並用窄繃帶或者圍巾托住。

③將繃帶兩端在頭頂打個平結。繃帶結要打得鬆緊適度，既能承托下巴，使其固定不動，又不致使患兒牙齒咬緊。

④在做好以上措施的同時，及時聯繫準備送醫院救治。

孩子受傷後，在進行家庭救治時應注意事項：

1 扭傷：不能揉，揉會造成大量出血。應該用冰袋冷敷，可以使局部血管收縮，滲出減少。一定不要輕信孩子的話，即使孩子說不疼，也要到醫院確認是否有骨折，以免延誤治療時間。

2 頭部摔傷：先要確定孩子的神志是否清醒。孩子哭過之後要睡覺，是一種很不好的反應，很可能是神經系統出現抑制造成的。家長一定要到醫院做檢查，確認顱內是否有出血。

3 擦傷：用乾淨的水沖洗，可以使用礦泉水或純淨水，不要隨便用藥，為了防止滲液，可以用乾淨的紙巾或

是手帕蓋住傷口。

4 盲目地相信孩子的話，孩子說不疼了，就認為沒事了。其實最嚴重的問題肉眼是看不出來的。

如何避免孩子受到摔傷等意外傷害：

1 1歲以下的孩子基本生活在床上，所以，在他們的睡床上要加護欄，如果睡床靠近窗口，則窗口上也要加護欄。地板上最好鋪上泡沫塑料墊，防止孩子從床上掉下來摔傷。

2 孩子稍大以後就開始攀高，甚至會找個椅子、墊個箱子去拿高處的東西，但這時他們的平衡能力又很差，容易摔倒，家長要特別注意。

3 帶孩子出去玩的時候，一定避開人多、車多的地方，以免被突如其來的行人和車輛撞倒；路面要平坦，最好是草地或土地。

4 在孩子的鞋子選擇上也要注意。涼鞋要正好為宜，太小的鞋夾腳，限制孩子活動；太大的鞋鬆鬆垮垮，走路容易摔跤。另外，鞋底一定要軟軟的，讓孩子走路時感覺舒服，透氣性也要好，千萬不能買那些外觀好看、穿起來感覺硬邦邦的鞋，那樣很容易使嬌嫩的小腳磨出水疱。小孩子最好不穿皮鞋。

5 房間的地板不要太滑，浴室要鋪上橡膠防滑墊，不要讓孩子一個人待在浴室。傢俱要選擇橢圓形邊的，或者給傢俱的尖角加上護套，防止孩子摔倒時撞傷。

6 住樓房的家長不要讓孩子在窗臺上玩，窗戶的鎖扣不能輕易讓孩子打開，陽臺上儘量不要堆放雜物，防止孩子從雜物上攀爬翻過欄杆或窗戶而墜樓。

7 避開劇烈運動。孩子在戶外玩，可選擇在平地上跑、跳、捉迷藏、過家家、拍球等運動或遊戲，要注意時常提醒他們不做從高處往下跳、快跑等危險動作。以防孩子摔倒或撞倒。

8 不做超前運動。小孩玩什麼、怎麼玩，應根據他的年齡或月齡，不適合孩子做的，父母一定別讓他超前去嘗試，那樣無異於揠苗助長。比如，一兩歲的孩子，走穩的時間還不長，最好不要讓他從一級臺階上往下跳，或學著大孩子的樣子爬攀爬杠，因為此時他們的身體協調能力和控制能力還沒有發育到能夠駕馭這些運動的水準，勉強做這些動作就很可能受到傷害。

化學性傷害

什麼是一氧化碳中毒

　　一氧化碳中毒也稱煤氣中毒，是由於吸入一氧化碳氣體而引起的一種機體損傷，少量吸入會出現頭痛、頭暈，大量吸入會造成死亡。

　　一氧化碳俗稱「煤氣」，是一種無色、無味、無臭、比空氣輕的氣體。「煤氣」是木柴、煤炭燃燒不盡的產物，當空氣中含有這種產物時，它可隨著人們的呼吸進入體內，與血中的血紅蛋白結合成碳氧血紅蛋白，使血紅蛋白失去攜氧能力，引起人體組織缺氧而導致窒息中毒，並產生各種中毒症狀。如頭痛、噁心、嘔吐、四肢無力。當血中一氧化碳的濃度達到每升 5 毫克時，1～3 分鐘即可使人快速死亡。

　　煤氣中毒是寒冷季節較常發生的意外事故，大多由於煤氣管道漏氣，使用熱水器不當，室內密閉而煤爐沒有煙囪或煙囪閉塞不通、被風吹倒灌進入室內所引起。煤氣燃燒時會放出一氧化碳，特別是火頭擰小時，由於火焰處於非白熾狀態，產生的一氧化碳更多。人們如果長久吸入這種有害氣體，就會出現一氧化碳中毒的症狀。

　　一氧化碳經呼吸道吸入。吸入的一氧化碳通過肺泡進入血液，立即與血紅蛋白結合形成碳氧血紅蛋白。空氣中一氧化碳分壓越高，碳氧血紅蛋白濃度也越高。吸收後的

一氧化碳絕大部分以不變的形式由呼吸道排出。在正常大氣壓下，一氧化碳排出期為 128～409 分鐘，平均為 320 分鐘。停止接觸後，如提高吸入氣體的氧分壓，可縮短一氧化碳的半排出期。

　　進入血液的一氧化碳與血紅蛋白及其他某些含鐵蛋白質（如肌球蛋白、二價鐵的細胞色素）形成可逆結合。它與血紅蛋白具有很強親和力，即一氧化碳與血紅蛋白的親和力比氧與碳氧的親和力約大 300 倍，致使血攜氧能力下降，同時碳氧血紅蛋白的解離速度卻比氧合血紅蛋白的解離速度慢 3600 倍，且碳氧血紅蛋白的存在影響氧合血紅蛋白的解離，阻礙了氧的釋放，導致低氧血症，引起組織缺氧。中樞神經系統對缺氧最敏感，因此首先受累，缺氧會引起腦組織水腫、顱內壓增高。同時，缺氧和腦水腫會造成腦血液循環障礙，而血管吻合支較少和血管結構不健全的蒼白球可出現軟化、壞死，產生帕金森綜合徵和一系列神經——精神症狀。

　　部分重症一氧化碳中毒患者，在昏迷蘇醒後，經過 2 天至 2 個月的假癒期，又出現一系列神經——精神障礙，稱之為遲發性腦病。

　　家用煤氣灶一般用於燃燒的氣體為液化石油氣和天然氣兩種，都會產生一氧化碳。一般情況下，煤氣燃燒產生的一氧化碳的濃度還不至於使人急性中毒。只有當煤氣意外洩漏或使用煤氣熱水器不當，煤氣灶放在通風不良的小廚間，大量煤氣積存室內，導致急性中毒。又稱為煤氣灶綜合徵，表現與一氧化碳中毒相同。

一氧化碳中毒有哪些症狀

對一氧化碳中毒的表現應及時識別，才能便於救護。
發生一氧化碳中毒後的臨床表現具體如下：

1 幼兒中毒的症狀同一氧化碳與紅細胞結合的程度成正比。輕度中毒頭痛、頭暈、心慌、噁心、嘔吐，脫離中毒環境、吸入氧氣或新鮮空氣很快好轉。

2 中度中毒上述症狀加重，還有面色潮紅，口唇呈櫻桃紅色，多汗，煩躁不安。呼吸短淺，四肢冰涼，甚至大小便失禁。

3 重度中毒病人神志不清，呼之不應，大小便失禁，四肢發涼，心電圖檢查有心肌損害或心律失常的表現。有的會因為心跳停止而死亡。有的雖然經積極搶救（包括高壓氧艙治療）而存活，但可因腦缺氧時間過長，引起腦缺氧後遺症，如癱瘓、癡呆、抽風、精神異常等。幼兒正處於生長發育階段，一旦留有後遺症，就會造成終身殘疾，給家長及社會帶來沉重的負擔。

急性一氧化碳中毒是吸入高濃度一氧化碳後引起以中樞神經系統損害為主的全身性疾病。中毒起病急，潛伏期短。輕、中度中毒昏迷持續時間短，經脫離現場進行搶救，可較快蘇醒，一般無明顯併發症。血碳氧血紅蛋白濃度在 10%～50%。部分患者顯示腦電圖異常。重度中毒者意識障礙程度達深昏迷。往往出現牙關緊閉、強直性全身痙攣。部分患者併發腦水腫、肺水腫、嚴重的心肌損害、休克、呼吸衰竭、上消化道出血、皮膚水疱或皮膚紅腫、肌肉腫脹壞死及肝、腎損害等。血液碳氧血紅蛋白濃度可高於 50%。多數患者腦電圖異常。

另外，還有可能出現急性一氧化碳中毒遲發性腦病，

這種病是指急性中毒意識障礙恢復後，經過 2～60 天假癒期，又出現神經——精神症狀。

常見的神經精神症狀有以下幾種：

1 大腦皮質局灶性功能障礙：如失語、失明、失寫、失算等，或出現繼發性癲癇。頭顱 CT 檢查可發現腦部有病理性密度減低區。腦電圖檢查可發現中度或高度異常。

2 錐體外系症狀：表現呆板面容，肌張力增高、動作緩慢、步態碎小、雙上肢失去伴隨運動，小書寫症與靜止性震顫，出現帕金森綜合徵。

3 精神障礙定向力喪失、計算力顯著下降、記憶力減退、反應遲鈍、生活不能自理；部分患者可能發展為癡呆綜合徵，或有幻覺、錯覺、語無倫次、行為失常、興奮衝動、打人毀物等表現。

4 錐體系神經損害：表現輕偏癱、假性球麻痹、病理反射陽性或小便失禁。

一氧化碳中毒對兒童智力影響很大。如發現小兒一氧化碳中毒，應立即將患兒移到空氣通暢的地方，注意保暖，避免受涼，防止引起肺炎。供氧非常重要，因為吸入氧濃度越高，一氧化碳排出越快。對呼吸困難者應進行人工呼吸，使用呼吸興奮劑。對心跳停止者應使用強心劑、胸外心臟按壓等治療。應用高壓氧艙是治療一氧化碳中毒以減少後遺症最有效的方法之一。由於重度一氧化碳中毒，即使搶救存活後，也可能留下神經系統的後遺症，所以，我們要積極預防，以防患於未然。

輕度急性一氧化碳中毒需與感冒、高血壓、食物中毒

等鑒別，中度及重度中毒者應注意與其他病因如糖尿病、
腦血管意外、安眠藥中毒等引起的昏迷鑒別，對遲發性腦
病需與其他有類似症狀的疾患進行鑒別。

如何預防一氧化碳中毒

預防煤氣中毒主要從以下幾個方面入手：

1 冬季用煤爐，室內一定要裝有通風設施，還要有煙筒或風斗，要保證煙筒不能漏氣，以避免使室內一氧化碳濃度增高。煤爐使用時間不能太長，不能讓煙筒被灰渣堵塞，更不能讓煤爐密封不嚴漏氣。其次，如果白天用爐做飯，晚上用爐取暖，伸向屋外的部分應該加防風帽，避免產生倒風。

2 室內用炭火鍋涮肉，燒烤用餐，要保持門窗通風，人不能在操作間停留時間過長；火災現場產生大量一氧化碳，要及時離開；冬天在門窗緊閉的小車庫內連續發動汽車，產生大量含一氧化碳濃度高的廢氣，所以，這裏也要保持良好的通風。

3 要正確安裝和使用煤氣熱水器；不要自製土暖氣取暖，否則雖與煤爐分室而居，也可能發生漏泄或引起倒風，造成一氧化碳中毒。

另外，還要瞭解一氧化碳的特性，一氧化碳比空氣輕。如果室內有一氧化碳的話，它必定總是浮在上面，處在房屋內部的最高處，要在窗戶上方留一通氣孔就比較安全了。同時，生爐子取暖時一次添加燃料不要過多，並應

　　盡量使木柴或煤炭燃燒完全，減少一氧化碳的產生。千萬
注意不要在睡覺前封爐子，應讓爐火燃盡，以免招致中
毒。對於連通火炕或暖牆的爐子更應提高警惕。有的人在
爐子上燒水、薰醋或在室內放一盆水，以為這樣可以避免
一氧化碳中毒；其時，這些都沒有科學依據，不要去採
用，以免發生危險。

在發生一氧化碳中毒之後還要積極地救治：

1 要迅速打開門窗通風，同時將病人脫離中毒環境，給予吸氧或呼吸新鮮空氣，但要注意保暖。中毒輕者在空氣新鮮的地方休息 2～3 小時就會好轉。其次，如果中毒兒童呼吸停止應就地進行口對口吹氣或人工呼吸，有條件時給予注射呼吸興奮劑。中度或重度中毒病人在進行其他措施的急救後，及早送到有條件的醫院做高壓氧艙治療，以挽救生命，防止嚴重併發症和後遺症的發生。

2 急性一氧化碳中毒最重要的治療原則就是及時有效給氧。一旦發生煤氣中毒，最重要的是給患兒吸入氧氣，吸入氧氣的濃度越高，一氧化碳的排出也越快。但家中一般無氧氣設備，只好將患兒迅速移到戶外，解鬆衣帶，呼吸新鮮空氣。新鮮空氣中氧氣的含量高，而且含少量的二氧化碳，這對刺激呼吸中樞有良好的作用。在操作過程中，要注意保暖，不要受涼。經上述處理，輕者可以恢復。對病情較重者，比如有嚴重的呼吸衰竭等，家中不能處理，應立即送醫院進行搶救。

孩子誤食農藥中毒怎麼辦

成人或孩子誤食農藥引起的頭痛、噁心、乏力等症狀稱為農藥中毒。農藥中毒是兒童意外傷害不可忽視的一個

方面。由於其使用主要是在農村和城市的郊區，所以，危及兒童群體主要在農村，城市的園藝部門也有可能發生。小兒年幼無知，好奇心強，喜歡把一些東西都放到嘴裏嘗一嘗，比如顏色好看的藥液，粉末等，往往會造成嚴重的

後果。小兒對某些藥物、毒物的敏感性高，且機體的解毒能力和排泄能力相對較差，故易引起中毒，下面介紹幾種常見的農藥和中毒症狀，以供辨認。

在世界範圍內，有機氯農藥曾經被廣泛的用作殺蟲劑，主要品種有林丹、硫丹、三氯殺蟲酯、三氯殺蟎醇、滴滴涕、六六六、艾氏劑、狄氏劑、氯丹、毒殺芬、開蓬、七氯等。這類化合物一般為白色或淡黃色結晶或黏稠液體，溶於脂肪或多種有機溶劑，不溶於水，化學性穩定，在環境或體內不易破壞。誤服或食用殘留量過高的穀物、蔬菜和水果都可能中毒。

有機氯中毒主要有下面一些症狀：中毒後1～2小時病人會出現咽痛、出汗、流涎、視物模糊、心悸、肌肉震顫、發紺等。嚴重者出現共濟失調、頭痛、頭暈、乏力、噁心、嘔吐、上腹疼痛、昏迷、發熱、心律失常、癲癇樣抽搐。

敵鼠又名野鼠淨、雙苯殺鼠酮。同類殺鼠劑有殺鼠酮、鼠完、聯苯敵鼠、氯苯敵鼠（氯敵鼠、利法安）等。因常用其可溶於水的鈉鹽——敵鼠鈉。中毒主要由誤食引起。敵鼠鈉可發生二次中毒（如雞狗豬等家畜吃了敵鼠鈉中毒後，人又吃了這些中毒的家畜，就會引起中毒）。為防止發生兒童誤食，應嚴格保管好殺鼠劑，毒餌應在晚上投放，清晨收起，不要放在孩子輕易可以摸到的地方。

敵鼠中毒會有以下表現：當人體攝入這種類型的農藥0.06～0.25克即可中毒，0.5～5克可致死。敵鼠中毒後會出現食慾不振、噁心、嘔吐、疲乏、精神萎靡等。1～5天出

現齒齦出血、尿血、便血、咯血、皮下出血，可伴有關節痛、腰痛、腹痛、低熱等。嚴重者會出現休克。實驗室檢查可見出血、凝血時間延長，凝血酶原時間延長，血紅蛋白含量可降低，血尿、大便隱血試驗陽性等。可疑物、嘔吐物、血、尿中可測出敵鼠鈉。

氟乙酰胺曾用作農業殺蟲劑和滅鼠劑，又名敵蚜胺、氟素兒。為無色、無味、易溶於水的白色結晶，有明顯的二次中毒性質。引起氟乙酰胺中毒的原因主要有以下幾種：誤將氟乙酰胺當鹼粉、食鹽而食用，誤食因氟乙酰胺中毒死亡的動物，誤食用氟乙酰胺製作的毒餌。

我國早在 20 世紀 70 年代就禁止生產、銷售和使用這種滅鼠藥。但至今仍有不法商販生產、銷售以氟乙酰胺為主要成分的滅鼠藥，造成多起嚴重中毒和很大的安全隱患。

氟乙酰胺的毒性很大，攝入 0.1～0.5 克即可致死。誤食後 10～15 小時開始出現頭痛、頭暈、乏力、噁心、嘔吐、腹痛、食慾不振、口渴、四肢麻木、心律失常、血壓下降、肌束震顫、易激動等。嚴重的還會出現抽搐、意識障礙、昏迷，甚至死亡。

有機磷農藥也是農牧業生產中最常見的農藥類型之一，應用廣泛，也正因為如此，由這種農藥引起的中毒事件也最多。大多數有機磷為易揮發、有異臭（常為蒜味）的淡黃色或棕色油狀液體。個別品種如敵百蟲為白色粉末狀結晶，且無異臭，易溶於水。有機磷農藥遇鹼易分解。有機磷農藥種類繁多，其毒性各不相同。常用的品種有敵

敵畏、敵百蟲、樂果、氧化樂果、殺螟硫磷（殺螟松）、倍硫磷（百治圖）、硫特普（蘇化203）、谷硫磷（保棉磷）、久效磷、保棉豐（3911亞碸）、稻瘟淨、內吸磷（1059）、甲基對硫磷（甲基1605）、甲拌磷（3911）、甲胺磷（多滅磷）、馬拉硫磷（4049）等。

　　引發有機磷農藥中毒的原因主要有以下幾種：食用被有機磷農藥污染的糧食，如用有機磷農藥拌種的種子，受污染的車輛、倉庫運儲的糧食；手污染有機磷農藥後未清洗就拿食物食用或捧水喝；誤食噴灑有機磷農藥不久的水果、蔬菜；食用裝過有機磷農藥的瓶子盛裝的油、醬油、酒等。

　　有機磷農藥中毒後主要有以下症狀：噁心、嘔吐、多汗、頭痛、頭暈、嗜睡、流涎、腹痛、心率變慢、肌束震顫、肌無力、肌肉痙攣、視物模糊、瞳孔縮小、支氣管痙攣、呼吸道分泌物增多等。嚴重的可發生呼吸麻痹、昏迷、腦水腫、肺水腫等。

　　部分病人於中毒症狀緩解後又出現四肢無力、麻木、刺痛、腓腸肌疼痛、抬腿困難、走路呈跨步態、雙手難完成精細動作，嚴重者呈垂足、垂腕、肌肉萎縮等，稱遲發性周圍神經疾病。少數急性中毒病人於中毒後2～4天，個別於7天後，出現不能抬頭、吞咽困難、咀嚼無力、睜眼困難、眼球活動受限、複視、聲音嘶啞、肩外展和髖關節屈曲困難、呼吸困難等，稱為中間綜合徵，若救治不及時，可能會出現呼吸衰竭而死亡。

一旦發生農藥中毒情況，應採取下述急救措施：

❶用最快的速度把進入體內尚未吸收或已被吸收的毒物從不同途徑清除出去，防止中毒進一步加重。具體可採用催吐、洗胃、洗腸和導瀉等方法。在家庭中可採用催吐法，但應該注意，這種方法只適用於年齡較大、神志清

楚、能配合的且進食食物在 4～6 小時以內的幼兒。神志不清及不配合的嬰幼兒催吐時易發生窒息和吸入性肺炎，應禁止使用。

催吐時，先讓患兒迅速服下 200～400 毫升 1：5000高錳酸鉀溶液或溫鹽水，然後，用手指或筷子等接觸患兒的咽後壁，使他嘔吐。如此反覆進行多次，直至嘔吐物不含毒物殘渣為止。

對於誤服強酸（如硫酸、高錳酸鉀、石炭酸、來蘇兒等）、強鹼（如氫氧化鈉、洗衣粉、樟腦丸等）的兒童，消化道黏膜受到燒傷，不宜採用催吐、洗胃等方法，以免使胃及食管發生破裂和穿孔；宜採用中和方法。強酸中毒可用氧化鋁凝膠、淡肥皂水等弱鹼；強鹼中毒可用淡醋、果汁等弱酸。牛奶、豆漿、蛋清等也能對強酸和強鹼起中和作用，且能保護胃黏膜。

2 要在進行家庭急救的同時向醫院求救，或採用其他方法立即把小兒送到醫院去，並將小兒吐出的東西帶去，讓醫生作檢查分析，以便在診斷和處理上能採取針對性的措施。

> 在農藥中毒的預防方面，應注意以下幾點：

1 在農村，要加強對農藥的保管，不要把農藥放在幼兒容易拿到的地方。農藥不用時要將瓶口蓋好、封好。

2 不要讓幼兒在噴灑過農藥的附近地方玩耍。盛裝藥品的容器不要亂放，更不可將此類容器作其他用途，比如

用包裝農藥的塑膠袋做尿墊等。

3️⃣ 噴過農藥的田地、菜地、果園要設立明顯的標誌，在 7～8 天內嚴禁幼兒入內。

4️⃣ 哺乳期婦女在使用農藥後要認真洗手及更換衣服，然後再給嬰兒哺乳。

毒鼠強中毒的原因及症狀

因誤食毒鼠強而引起的頭痛、噁心、吐白沫，乃至死亡等症狀被稱為毒鼠強中毒。

毒鼠強，又名沒鼠命、四二四、一掃光、三步倒，化學名為四亞甲基二碸四氨。英文名 Tetremthylene Disulfote-tramine，簡稱 Tetramine。毒鼠強為白色輕質粉末，無味，可經消化道、呼吸道吸收，能由口腔黏膜和咽部黏膜迅速吸收而引起中毒，但不易經完整的皮膚吸收。

毒鼠強被動物攝入後以原形存留於體內，由血液進入中樞神經系統發生毒性作用。毒鼠強的性質穩定，目前還沒有見到毒鼠強在動物體內轉化的報導。毒鼠強主要由腎臟以原形從尿中排出，排出的速度較慢；有報導說，毒鼠強中毒 10 天之後，還可在血液中檢測到其毒性成分。其毒性劇烈可見一斑。

毒鼠強的熔點在 250～254℃。在水中溶解度約 0.25毫克／毫升；微溶於丙酮，不溶於甲醇和乙醇。在稀的酸和

鹼中穩定，但在持續沸水溶液中可分解。其飽和水溶液放置 5 個月，仍可保持穩定的生物學活性。國內外的科學實驗和滅鼠實踐已證明，毒鼠強對所有溫血動物都有劇毒，為另一劇毒滅鼠藥——氟己醯胺的 3～30 倍，砒霜及氰化物的 100 多倍。而且化學性質穩定，在植物體內其毒作用可長期殘留，對生態環境造成長期污染，被動物攝取後可以原毒物形式滯留在體內或排泄，從而導致二次中毒現象。實驗表明，以毒鼠強處理過的土壤生長的冷杉，4 年

後結的種子還能毒死野兔。加熱分解，放出氮、硫的氧化物煙，可經人體消化道及呼吸道吸收。

近年來毒鼠強中毒呈大幅度上升，對人的生命造成很大的威脅。毒鼠強係神經毒性滅鼠劑，具有強烈的腦幹刺激作用，強烈的致驚厥作用。毒鼠強的毒性作用主要表現為興奮中樞神經，但對周圍神經、骨骼肌及神經肌接頭沒有明顯的影響。毒鼠強進入機體主要作用於神經系統、消化系統和循環系統。

毒鼠強中毒的原因

毒鼠強是白色粉末，無味，經常易與食鹽、味精等相混淆，常會引起誤用與誤服。

毒鼠強中毒的症狀

毒鼠強中毒的潛伏期較短，多數在進食後半小時到一小時內發病，最短為數分鐘，最長可達 13 小時。中毒症狀的輕重與接觸量有密切關係。體溫、血壓、呼吸一般正常，但兒童中毒可致高熱。

毒鼠強急性中毒的臨床表現為突然發作的驚厥、抽搐，可因劇烈抽搐導致呼吸衰竭死亡。輕度中毒表現為頭痛、頭暈。噁心、嘔吐、乏力、胸悶、心悸；伴有強直性、陣發性抽搐，神志喪失，口吐白沫，全身發紺，類似癲癇發作持續狀態，並伴有精神症狀。重度中毒表現為突然暈倒、癲癇樣大發作，發作時全身抽搐、口吐白沫。大

小便失禁、意識喪失，抽搐頻繁。中毒者可因劇烈的強直性驚厥導致呼吸衰竭而死亡。根據誤服含毒鼠強食物史，以突發性驚厥為主要臨床表現，以及嘔吐物。剩餘物或血、尿中測出毒鼠強為判斷根據。

中國於 1991 年由化工部、農業部農藥檢定所發文禁止

使用毒鼠強，之後的中毒事件主要由於誤食毒鼠藥引起。我國報導的中毒接觸途徑有誤服滅鼠毒餌米、進食由混有毒餌的大米煮成的稀飯或乾飯、生產包裝毒鼠強工作接觸、投毒、兒童偷吃滅鼠餌餅乾、因毒鼠藥濫用引起環境污染造成飲水及糧食污染等。20世紀70年代後，國外報導的毒鼠強中毒事件很少，且主要中毒途徑與食用海產品有關。1989年丹麥也報導在海產品「紅酒刺」中檢出毒鼠強。1997年，加拿大也出現因食用海洋水產品引起麻痺性牡蠣中毒，後經檢測查出有毒鼠強成分，所以，在使用海產品時也應該加以注意。

防治毒鼠強中毒的方法有哪些

1 毒鼠強中毒後的治療措施

毒鼠強中毒後，要注意適當給予吸痰，在吸痰時做到輕、穩、快，同時注意觀察記錄分泌物量、性狀。同時，還要改善缺氧狀態。患者呼吸急促，面色青紫，口唇及指端重度發紺，且一直強直抽搐，為預防腦水腫和減輕腦部缺氧狀態遵囑給予吸氧，同時靜脈快速滴注20%甘露醇250毫升，在30分鐘內滴完。

另外，還要立即清除胃內毒物，毒鼠強在體內各臟器的分佈以胃內容物最高，胃組織其次。毒鼠強患者應盡可

能及時予以徹底洗胃，催吐導瀉，以減少毒物的吸收。口
服中毒者可用大量溫淡鹽水洗胃，一般在發病後 24 小時內
均應洗胃，持續累計洗胃的用水量不低於 10 升。神志不清
患者應注意防止誤吸。無洗胃設備時要爭取儘早催吐。洗
胃後可給予氫氧化鋁凝膠或生雞蛋清保護消化道黏膜，然後
予以導瀉。皮膚污染者需用清水徹底沖洗。

　　在中毒者有抽搐現象時，應適當保護病人，加護檔，以防跌傷。同時還要注意不要碰傷，但不可強按病人肢體，那樣容易發生肌肉撕裂、骨折或關節脫位。背部應墊上衣物，避免背部擦傷和椎骨骨折，為防止咬傷舌頭，用紗布纏壓舌板塞入病人上、下齒之間，但要注意不要造成舌後墜，以免影響呼吸。

2 毒鼠強中毒的預防措施

毒鼠強是國家明令禁止生產的藥物，所以，預防毒鼠強中毒的最好方法就是加大宣傳力度，要讓人們知道這種藥物的危害性，杜絕其生產、銷售和使用。宣傳範圍主要是在農村和一些比較偏僻的鄉鎮，要避免在家中留有這種藥物，更不要放在孩子輕易就可以找到的地方。

食扁豆中毒的原因是什麼

因食用扁豆不當而引起的胃部不適、噁心嘔吐等症狀叫做扁豆中毒。中毒可能與扁豆的品種、產地、季節、成熟程度等有關，老扁豆更易中毒。在北方，扁豆也被稱為豆角、菜豆、芸豆角、架豆；在南方則被稱為四季豆、豐收豆、梅豆角、刀豆、棍豆等。

扁豆中毒的主要原因是烹製不熟，而烹製不熟主要有以下幾個原因：

1 有人根本不知道扁豆加熱不透能引起中毒。

2 有人是喜歡沒煮熟的扁豆顏色好看些而沒有煮熟。

3 有人喜歡把扁豆先在開水中焯一下，然後再用油炒，誤認為兩次加熱就保險了，實際上次數多而未煮熟都不能將毒素徹底去掉。

4 鍋小量大，翻炒不均，扁豆沒有熟透。

扁豆的有毒物質目前尚不完全清楚。可能是豆莢外皮
的皂素和豆子的紅細胞凝集素對消化道有強烈刺激性，又
可溶解紅細胞，引起出血性炎症。皂素又稱皂甙，是一種

毒性蛋白。可以說，扁豆是一種天然有毒的植物，而豆角
兩端和老扁豆毒素最多。另外，扁豆豆粒中含有的血細胞
凝集素，具有血細胞凝集作用。扁豆放置過久，尚可產生
大量亞硝酸鹽，引起變性血紅蛋白症。

扁豆中毒一般都發生在吃了烹製不透的扁豆後30分鐘至5小時。其臨床症狀主要表現為：

1 發病快，可在進食後數分鐘即可發病，多數為2～4小時。

2 消化系統主要表現為急性胃腸炎症狀，上腹部不適或胃部燒灼感，腹脹，噁心、嘔吐，腹痛、腹瀉，多為水樣便，重者可嘔血。

3 神經系統：頭暈、頭痛，四肢麻木，可有胸悶，心慌，出冷汗，體溫正常或伴有低熱。

4 病程短，經治療大多在2天內可恢復，預後良好，一般不會導致死亡。但個別重症的病人可發生溶血性貧血。中毒輕者無需治療；吐瀉嚴重者，可靜脈滴注葡萄糖鹽水和維生素 C，促進毒素排泄，糾正脫水。

扁豆中毒能預防嗎

扁豆中毒一般在食後30～60分鐘發病，開始有噁心，相繼有多次嘔吐、頭暈、頭痛等症狀，有的病人有腹痛、腹瀉及畏寒等症狀。

預防扁豆中毒的方法其實非常簡單，只要把全部扁豆煮熟燜透就可以去掉毒素。因為扁豆所含的毒性物質能被持續攝氏100度左右的高溫破壞掉，所以炒菜時應充分加

熱，使扁豆顏色全變；用水煮，使扁豆失去原有的綠色、生硬感和豆腥味，就不會引起中毒。所以，在烹調方法上以吃燜扁豆為好，如炒吃最好先用水煮熟再炒。

　　廚房加工扁豆，每一鍋的量不應超過鍋容量的一半，

用油炒過後，加適量的水，加熱至 100℃，加上鍋蓋小火
燜上 10 餘分鐘，並用鏟子不斷地翻動扁豆，使它受熱均
勻。在加工扁豆前，先把扁豆兩頭和莢絲摘掉。此外，還
要注意要選食嫩扁豆，不買老扁豆。

孩子食毒蘑菇爲何會中毒

在很多孩子的眼中，蘑菇都是一種很美味的食品。但是如果一不小心，這種美味就會變成殺手。因為採食野生的蘑菇是很危險的，因為有些蘑菇有劇毒，吃了以後會引起中毒甚至死亡。

野蘑菇中毒的原因是在採集野生鮮蘑菇時，誤把毒蘑菇當成可食蘑菇採摘食用引起的。受害者輕則身心受到損害，重則家破人亡。毒蘑菇中的毒素十分複雜，一種毒蘑菇可以含有幾種毒素，而一種毒素又可存在於幾種毒蘑菇之中，目前對毒蘑菇毒素尚未完全研究清楚。毒蘑菇經過烹調加工或者把毒蘑菇曬乾，都不能把毒素去掉，吃了這樣的毒蘑菇仍會中毒。

自然界中，有毒的蘑菇有 80 多種，其大小、形狀、顏色、花紋等變化多端。所以，沒有經驗的人很難鑒別哪些是有毒的，哪些是無毒的。對孩子來說更是如此。

毒蘑菇含有植物性生物鹼，毒性強烈，可損害肝、腎、心及神經系統，即使是微量被吸收到體內也是很危險。因毒蘑菇的種類不同，因此，所含的毒素也不同，會出現各種各樣的症狀。進食後一般經過 1～2 小時即開始出現中毒症狀。如：劇烈嘔吐、腹瀉並伴有腹痛，痙攣、流口水，突然發笑、進入興奮狀態，手指顫抖，有的出現幻

覺。具體可以從原漿毒、神經毒、胃腸毒、溶血毒等幾個方面去區分和辨認。

1 原漿毒：

原漿毒中毒是毒蘑菇中毒現象中情況最為危險的，病情十分兇險，若不能及時搶救，死亡率極高。病人的潛伏期一般為 10～24 小時。病人開始表現為噁心、嘔吐、臍周腹痛、水樣便腹瀉。有的病人在胃腸道症狀持續一兩天後，症狀緩解或消失，自我感覺良好，但此時毒素很可能

已由腸道吸收，由血液進入臟器，逐漸對臟器造成實質侵害，這個時期稱為假癒期。此時千萬不能麻痹大意，一定要積極治療，以免延誤診治。假癒期可持續一兩天，之後患者往往會突然出現肝、腎、心腦等臟器損害，以肝、腎損害最為嚴重。病人會出現肝臟腫大、黃疸、肝功能異

常，或發生急性肝壞死、肝昏迷，甚至嘔血、咯血、鼻出血、皮下和黏膜下出血，少尿、無尿或血尿，嚴重者可導致尿毒症，尿中出現蛋白、紅細胞。病人還會出現精神異常，這種情況的死亡率往往很高。

在假癒期之後，有的病人經過積極治療，2 週後進入恢復期，中毒症狀消失，肝功能好轉，也有的病人 6 週以後方可痊癒。有的病人會出現全身廣泛出血、抽搐、休克、昏迷、呼吸衰竭，並迅速死亡。

2 神經毒：

這種類型的中毒表現複雜，潛伏期一般為 0.5～4 小時。中毒之後，病人有的流淚和口水、大量出汗、瞳孔縮小、脈搏緩慢、血壓下降等；有的出現瞳孔散大、血壓上升、心跳加快、顏面潮紅；有的出現消化道症狀；有的會產生幻覺、狂笑、手舞足蹈等精神異常表現；還有的會出現「小人國幻視症」；眼前的人和動物都變得非常矮小，閉上眼睛時幻覺更明顯。還可能有迫害妄想，類似精神分裂症。重症病人出現譫妄、精神錯亂、抽搐、昏迷等。這種類型中毒病持續時間為 1～2 天，死亡率並不高。

3 胃腸毒：

這種類型的中毒發病較快，病程較短，及時治療恢復較快，一般不會引起死亡。中毒表現主要是噁心、嘔吐，陣發性腹痛，劇烈腹瀉，水樣便，每日可多達十數次。

4 溶血毒：

這種類型的中毒潛伏期一般在 6～12 小時，最長可達

2天,最初表現為噁心、嘔吐、腹瀉等胃腸道症狀,3天後皮膚變黃、肝脾腫大、肝區疼痛。繼而出現心律不整、胡言亂語、幻覺、抽搐或昏迷。嚴重的會引起急性腎功能衰竭,甚至死亡。

除以上幾種內在中毒表現之外,還會有一些外在中毒表現。如面部肌肉震顫,手指和腳趾疼痛,上肢和面部出現皮疹。暴露於日光部位的皮膚,出現腫脹;指甲部劇痛、指甲根部出血;病人的嘴唇腫脹、外翻等。

發生**毒蘑菇中毒**後如何**急救**

發生毒蘑菇中毒之後,應立即送往醫院救治,並告訴醫生吃了野蘑菇。目前對毒蘑菇中毒,醫生一般都會儘早排除毒素,治療越早,危險就越小。沒有出現嘔吐的病人,讓中毒者大量飲用溫開水或稀鹽水,然後用手、筷子等輕輕的刺激咽部,強制催吐,以減少毒素的吸收。在等待救護車期間,為防止反覆嘔吐而發生脫水,最好讓患者飲用加入少量的食鹽和食用糖的「糖鹽水」,補充體液的丟失,防止休克的發生。對於已發生昏迷的患者不要強行向其口內灌水,防止窒息。為患者加蓋毛毯保溫。

對於毒蘑菇中毒來說,最好的辦法就是預防。到目前為止,生物界和醫學界裏還沒有簡單易行的毒蘑菇鑑別方法,在民間流傳著一些識別毒蘑菇的方法,但事實證明是

不可靠的。毒蘑菇中毒後，病情兇險，沒有特效療法，病死率高，預防中毒尤其重要。

　　而預防毒蘑菇中毒的根本辦法，就是慎重採食野蘑菇，小孩和沒有採集經驗的人千萬不要採食野蘑菇。在有採集野蘑菇習慣的地區，自認為有經驗的人，對不認識的野蘑菇，沒吃過的野蘑菇，也千萬不要採集食用。為了自己的健康和生命安全，最好不採不吃野蘑菇。如果真的採摘了野蘑菇，為了防止中毒，在烹調時在鍋裏放一把燈芯草與蘑菇同煮，如果燈芯草變青綠或紫綠色，就說明蘑菇有毒；燈芯草變黃則無毒。也可將蘑菇和銀器、大蒜、米飯、牛奶、豆漿、蔥等任何一種同煮，仔細觀察顏色變

化。如大蒜、米飯變黑，牛奶、豆漿被凝固成塊，蔥變成
藍色或褐色，也說明這些蘑菇是有毒的，一定要扔掉，千
萬不要食用，同時還要注意把煮過蘑菇的餐具洗刷乾淨。

　　通常來講，毒蘑菇都生長在潮濕的地方，顏色特別鮮
豔美麗，有的呈瘤狀突出，毒蘑菇的帽肉薄，柄易碎裂，
破碎後流出的漿汁渾濁，很快變成紫色或黑色，有酸臭苦

辣味；有的呈黏土色，蓋上有裂隙或帶刺。所以，在見到這樣的蘑菇時，必須細心甄別，以達到預防的目的。

什麼是河豚中毒

河豚毒素中毒在中國沿江地區常有發生，日本及泰國均有大量中毒死亡的報告。江蘇省沿江的揚中、靖江、泰興等地也為河豚毒素中毒高發區，尤其野生河豚毒性較大。

河豚又名河魨、氣泡魚，吹肚魚等，是一種味道鮮美但含劇毒的魚類，品種甚多，共有 250 多個品種，在中國長江中下游地區常見的有 30 多種。

河豚魚中的有毒物質稱為河豚毒素。含河豚毒素的魚類主要是魨形目魨科各屬魚類，其中以東方魨分佈較為廣泛。通常情況下，雄魚組織中毒素含量低於雌魚，肌肉中毒素含量極少。中國的河豚中毒多由豹紋東方魨和弓斑東方魨引起。

不同性別、不同魚體部分以及不同季節，河豚魚所含毒素的量有所不同。一般來說，卵巢和肝臟含毒素量最多，其次為腎臟、血液、眼睛、鰓和皮膚。雖然新鮮洗淨的肌肉可視為無毒，但如魚死後較久，內臟毒素可滲入肌肉，而使本來無毒的肌肉也含毒。個別種類的腸、精囊和肌肉也有弱毒。

每年春季(2～5 月份)為雌魚的卵巢發育期，卵巢毒性

較強，6～7月份產卵後，卵巢退化，毒性減弱，肝臟也以春季產卵期毒性最強。所以春季最易發生河豚中毒，夏、秋季雌魚產卵後，卵巢即退化而令其毒性減弱。

河豚毒素為一種很強的神經毒，屬於已知的小分子量、非蛋白質的神經毒素。河豚毒素對熱穩定，220℃以上時才可分解成褐色；240℃時開始炭化。微溶於水，易

溶於稀乙酸，鹽腌或日曬均不能使其破壞，即使大火烹調也不能破壞河豚毒素，但對鹼不穩定，容易被降解。其毒性比劇毒的氰化鈉還要強 1250 倍。0.5 毫克河豚毒素可以毒死 1 個體重 70 公斤的人。

河豚毒素對胃腸道有局部刺激作用，是一種鈉通道阻滯劑，它可以使神經、肌肉細胞的興奮和傳導受抑制。吸收後迅速作用於神經末梢和神經中樞，使神經傳導阻礙，毒素可選擇性地阻斷細胞膜對 Na^+ 的通透性，結果阻礙神經傳導，使神經系統呈麻痹狀態，先是感覺神經麻痹，以後運動神經麻痹，嚴重者腦幹麻痹，導致呼吸、循環衰竭。此外，還可阻斷心臟的快速 Na^+ 通道，使細胞失去興奮性並導致心律異常。

河豚中毒的症狀及防治措施

河豚毒素中毒的發病很急，症狀嚴重，一般在進食後 10 分鐘至 3 小時發作。河豚毒素中毒首先是感覺神經麻痹，其次是運動神經麻痹；毒量增大時，則出現迷走神經麻痹，最後因呼吸中樞和血管運動神經中樞麻痹而死。

該毒素主要是阻斷神經衝動的傳導，使呼吸抑制，引起呼吸肌麻痹，對胃腸道也有局部刺激作用，還可使血管神經麻痹，引起血壓下降。河豚中毒症狀的輕重與胃內食物的容量、攝入毒素的多少、毒素毒性之強弱以及胃中毒

素在中毒初期是否吐出或洗出有關。

中毒後，消化道症狀出現早，主要有胃部不適、噁心嘔吐、腹痛腹瀉、便血，隨後出現口唇、舌尖及肢端麻木、肌肉麻痺、共濟失調等神經系統症狀，重症者出現瞳孔放大、瞳孔及角膜反射消失，上下肢肌肉麻痺，以致身體搖擺，手足共濟失調、癱瘓、言語不清、聲嘶、呼吸困難、昏迷、休克，血壓和體溫下降。呼吸先遲緩淺表，後漸呼吸困難，以至呼吸麻痺，最後死於呼吸衰竭。

對付河豚毒素目前還沒有特效的解毒劑，立即催吐、洗胃，去除毒素，是最直接的搶救辦法。所以，食用河豚中毒後無法立刻趕到醫院者，可用肥皂水灌胃，進行催吐洗胃，並導尿。

因為河豚毒素毒性強烈，吸收迅速，故用洗胃排毒越早，越反覆徹底，效果越好。在進食河豚魚後出現早期症狀時，一面用探咽催吐，同時準備進行洗胃，若即時缺乏洗胃條件，則用藥物催吐。在吃河豚魚後 7～10 小時，仍見有較多含毒物吐出，所以，不要因為服毒時間較久而放棄洗胃。

民間也有用蘆根、野薤、甘草等解救中毒患者的說法，但這些方法僅對輕度中毒者有些作用。

此外，在兒童救護過程中，還應注意：

1 休克患兒應平臥，頭稍低，注意保暖。

2 昏迷、呼吸困難患兒應及時清除口腔內異物，保持

呼吸道通暢。

③ 呼吸停止的患兒應立即進行人工呼吸。

民間有句諺語叫做「蘆青長一尺，不與河豚作主客」。它的意思是說，春天是河豚產卵繁殖的季節，毒性最強，千萬小心不可食用。所以，預防河豚中毒最保險的方法就是避免去食用它。

馬鈴薯中毒有哪些臨床症狀

　　馬鈴薯又稱土豆、山藥蛋、洋山芋等，發芽後在其芽孔周圍及嫩芽部有較多毒素存在，進食過量會發生中毒。當貯藏不當，致使馬鈴薯部分表皮發黑發綠，食後也會發生中毒，尤以春末夏初季節最為常見。其毒性成分為馬鈴薯毒素。

　　馬鈴薯毒素，又稱為茄鹼、龍葵鹼或龍葵素，幾乎不

溶於水。適量的龍葵鹼對人體無害，一般不會使人中毒，並有緩解痙攣作用，能減少胃液分泌。一般情況下，馬鈴薯其毒素的含量很少，一般為 0.005％～0.01％，但在貯存過程中逐漸增加；馬鈴薯發芽後，其幼芽和芽眼部分的龍葵鹼含量達 0.3％～0.5％，而含量達 0.2％～0.4％時，就有引起中毒的可能。

馬鈴薯毒素對胃腸道黏膜有較強的刺激性和腐蝕性，對中樞神經系統有麻痺作用，尤其對呼吸中樞及運動中樞作用顯著；此外，對紅細胞有溶解作用，可引起急性溶血。急性中毒者，其病理變化主要為急性腦水腫，其次為胃腸炎及肺、肝、心肌和腎臟皮質的水腫等。

輕度中毒時首先有皮膚搔癢感，或口發乾、胸部發熱、燒灼或疼痛，其後出現胃腸炎症狀，主要表現為噁心嘔吐、腹痛腹瀉，偶有黏液血便等。反覆多次吐瀉後可發生脫水。重者會引起頭痛頭暈、發熱、驚厥、煩躁不安、譫妄、意識不清、昏迷、全身痙攣、腦水腫、呼吸困難，最後因呼吸麻痺而死亡。

怎樣預防馬鈴薯中毒

預防措施是馬鈴薯應貯存在低溫、無直射陽光照射的地方，防止發芽。不吃發芽過多、黑綠色皮的馬鈴薯。發芽較少的馬鈴薯，應徹底挖去芽或芽眼，並將芽眼周圍的

皮削掉一部分，這種馬鈴薯不宜炒絲或炒片吃，宜紅燒、
燉、煮吃。由於龍葵鹼遇酸易分解，所以烹調時可加些食
醋，加速龍葵鹼破壞。

　　龍葵鹼不溶於水，焯水和浸泡也不能除去，所以最好
不要用這兩種方法做涼拌菜。另外，食用時若感到口內有

發麻的感覺，應停止食用。馬鈴薯毒素中毒尚無特效解毒劑，如早期發現中毒者應立即催吐，脫水症狀較輕者多喝淡鹽水或糖水，並及時送醫。

孩子食用霉變甘蔗中毒怎麼辦

所謂霉變甘蔗中毒是指食用了保存不當而霉變的甘蔗引起的急性食物中毒。變質甘蔗的毒性對人體的傷害主要是表現在對人體中樞神經系統的一種非常強的損傷，也可累及消化系統。

霉變甘蔗中毒的原因，是一種真菌產生的叫 3-硝基丙酸的毒素，主要損害中樞神經系統。

食用甘蔗中毒後主要會出現以下系列症狀：首先，會出現臉紅耳赤、頭暈噁心、想睡覺、腹痛腹瀉、眼發黑、視物模糊、複視或幻視，繼而下肢無力、不能睜眼、眩暈、不能站立，較重者嘔吐劇烈、大便呈黑色、血尿、發熱、神智恍惚、陣發性抽搐、兩眼球偏向一側凝視、頭向後仰、兩臂後背、兩手均呈雞爪狀、四肢強直、屈曲、內旋，牙關緊閉、出汗、流口水、意識喪失，大小便失禁，每天抽搐數次甚至可達數十次之多，接著往往進入昏迷狀態，病情兇險，可在病後 1～3 天因呼吸衰竭死亡。病死率為 3.5%～5.5%。重症倖存的患者中，多留有嚴重的神經系統後遺症，如智力障礙、癱瘓等。一般重症和死亡患者以

小兒居多。

甘蔗中毒之後症狀出現的越早，表示病情越嚴重。由於兒童自身的抵抗能力弱，所以食用甘蔗中毒之後更容易引起抽搐、斜視、昏迷，即使及時搶救也可能留有後遺症。變質甘蔗中毒發病急，霉變甘蔗中毒的潛伏期短，孩子食入後一般在 2～5 小時內發病，短的只有 10 多分鐘，也有長達 10 小時以上的，最長可潛伏 17 個小時。但是，一般情況下的潛伏期只有 2～8 個小時，中毒症狀最初為一時性消化道功能紊亂。

甘蔗中毒的救治措施主要有以下幾個方面：

1 發生甘蔗中毒之後，應立即將患兒送醫救治。對於甘蔗中毒，目前尚無特殊治療，只能對症治療。一般的醫院臨床治療只能減輕發病的症狀，針對中毒者出現的不同症狀進行治療，如採取洗胃、解熱、止瀉等方面的治療措施。患兒出現抽搐、昏迷等神經系統症狀時，醫生會給予降顱壓、改善腦血液循環、糾正水電解質紊亂及鎮靜止驚等對症處理；還應儘早去設備良好的醫院接受高壓氧治療，這樣可有效減輕腦損害，改善患兒治癒後的健康狀況。

2 洗胃最好在醫院內由醫生進行，如果家庭中有相應條件，又情況緊急，可以在家中實施急救，洗胃可用生理鹽水或 1：2000 高錳酸鉀液、0.5％活性炭混懸液。

3 在洗完胃以後，讓病人臥床休息，注意保暖，適當喝些鹽水或濃茶。

甘蔗中毒的預防主要從以下幾方面入手：

作為孩子的父母，要注意以下兩點：

首先，要學會識別甘蔗的好壞，避免孩子吃到霉變的甘蔗。甘蔗是否霉變的區別主要從光澤、手感和氣味等幾個方面來區分。一般來講，品質好的甘蔗肉質清白、味甘甜，未成熟的甘蔗收割後如果儲藏不當會發生霉變。霉變的甘蔗外觀光澤差，質地較軟，沒彈性，尖端和斷面有白色絮狀或絨毛狀真菌菌絲體，瓤部顏色比正常甘蔗深，呈淺棕色，組織結構像糠蘿蔔，氣味難聞，有酸餿霉壞味或酒糟味。

其次，因為甘蔗霉變的部位多集中於其根部，所以，在給孩子食用的時候，一定要去掉甘蔗末節。

另外，作為甘蔗的生產和出售部門也有責任做好甘蔗的生產和保存工作，以做到對社會、對孩子健康的負責。這其中主要包括以下幾點：

1 甘蔗必須成熟後收割，因不成熟的甘蔗容易霉變。

2 甘蔗應隨割隨賣，不要存放。

3 甘蔗在貯存過程中應防止霉變，存放時間不要過長，並定期對甘蔗進行感官檢查，已霉變的甘蔗禁止出售。

生物性傷害

Shengwuxing SHANGHAI

什麼是狂犬病

　　狂犬病是由狂犬病毒引起的人畜共患的傳染病，俗稱「瘋狗病」、「恐水病」，屬於急性傳染病。該病由狂犬病毒引起，主要侵犯中樞神經系統，病情極為兇險、嚴重，病死率很高。

　　狂犬病的傳染源主要是狂犬（超過 90％），其次為患狂犬病的貓。狂犬病病毒存在於病獸的神經組織及唾液中，帶狂犬病毒的狗咬傷或抓傷人的皮膚黏膜時，狗唾液內的病毒由咬破人的皮膚，從破損的皮膚黏膜進入人體，將唾液中的病毒傳播給人，病毒沿周圍的傳入神經到達中樞神經系統。病毒傳播到人體後，除引起狂犬病的症狀外，病毒沿傳出神經進入唾液腺而達唾液，所以患者的唾液中也含有狂犬病的病毒。有時在特定條件下，狂犬病也可經由呼吸道氣溶膠傳染。

　　因為狂犬病主要感染中樞系統，所以，咬傷部位離頭部越近，傷口越多、越深、越大者，病情會越嚴重。嚴重咬傷一般指：頭面頸部咬傷，肢體多部位（3 處以上）咬傷，深度咬傷（肌肉撕裂，導致功能障礙）。人被患犬或患病的其他動物咬後經 10 天～12 個月後發病。

　　初期為傷口麻木疼痛、低熱、食慾不振、頭痛，似感冒；但不久出現異常興奮的症狀，如恐懼不安、發怒、不

安靜、不愉快、失眠，有時有嘔吐現象，並且對光、風、
聲比較敏感。患者的咽喉部有收緊的感覺，但仍能吞咽。
被犬咬傷的創口有刺痛、麻木、瘙癢或蟻走的感覺。2～3
天後症狀加重，患者出現煩躁不安，飲水時咽喉部有痙
攣、吞咽困難的症狀。患者的唾液不能咽下而自口角流

出;甚至見到水、聽到水聲或講到水時都有恐懼的表情，
「恐水症」由此而得名。患者甚至對光、聲、風的刺激也
感到恐懼。患者發熱後體溫可以升高到 39～40℃，血壓升
高，心率加快；經 1～3 天後病人變得安靜，喉部痙攣略為
減輕而可以進入少量水分，似乎病情有所好轉，其實這是
迴光返照；接著病情迅速進入麻痺階段，反應消失；瞳孔
散大，心力衰竭，呼吸淺表，迅即死亡。一旦發病，任何
藥物及搶救措施均無特效。所以，狂犬病極為兇險，病死
率幾乎為 100％。

狂犬病的其他感染途徑還有：移植了狂犬病死亡者的
角膜和器官；抓痕、擦傷、傷口或黏膜被病獸唾液污染或
其他傳染物質污染；實驗室工作人員吸入霧化的狂犬病
毒。

怎樣預防狂犬病

並非只有狂犬才攜帶有狂犬病毒，現在已經發現在很
多正常溫血動物的分泌物中同樣攜帶有狂犬病毒，所以，
被其他正常動物致傷後同樣不容忽視，只要狗咬人，不管
是瘋狗或者外表正常的狗，均應迅速、嚴格地處理傷口，
同時也要進行預防注射。

目前對此病尚無特殊有效的治療方法，接種疫苗和使
用抗狂犬病血清仍是預防感染狂犬病最有效的方法。

預防狂犬病主要從以下幾個方面著手：

1 消滅和控制傳染源

狂犬是人類狂犬病的主要傳染源。因此，對犬進行免疫、捕殺狂犬和野犬，是預防狂犬病的最有效措施。在狂

犬病流行區內應在最短時間對犬進行免疫，患狂犬病的貓
也是傳染源之一，條件許可的地方也可對貓進行免疫。凡
是發現患狂犬病的動物，都應立即捕殺。對患狂犬病動物
屍體應焚燒或遠離水源處深埋（2公尺以下），不得剝皮
和食肉。咬人的狗除確定的狂犬外，一般進行檢疫觀察 14
天。如果狗已被打死而懷疑為狂犬時，應取狗頭 6 小時內
冷藏送衛生防疫站檢驗。

2 傷口處理

被動物致傷後，傷口的處理是整個狂犬病預防和處理
程序中最不容忽視的一部分。

①就地及時對傷口進行清洗消毒：傷口流血，不要立
即止血，流出的血可以沖掉傷口內一些病毒和毒素。

②用 20％肥皂水、0.1％新潔爾滅或用清水反覆沖洗傷
口，較深傷口沖洗時，用鈍針頭注射器伸入傷口深部進行
灌注清洗，洗刷要用力、徹底，做到全面徹底。尤其是傷
口內部一定要洗刷到。

③用 70％的酒精和碘酊擦傷口幾次。如有免疫血清，
可注入傷口底部及四周。除非傷及大血管需要緊急止血
外，可不縫合或包紮傷口。

④較深或面積較大傷口應適當清創。局部傷口處理愈
早愈好，即使延遲 1～2 天甚至 3～4 天也不應忽視局部處
理，此時如果傷口已結痂，也應將結痂去掉後按上法處
理。

⑤傷口表面一般可不使用外用藥，如傷口有感染可能

時，應作預防破傷風和抗感染治療。

　　⑥去醫院緊急處理，並說明傷口是被狗咬的，以引起醫生的重視及採取相應的處理措施。

　　3 接種狂犬疫苗和應用抗血清

　　被咬傷者應在被咬當日注射第一針，然後分別在第3、7、14、30日各注射一針，共5針。疫苗注射後可出現一些反應，因此，在治療期間不要受涼、受熱或過度疲勞及吃有刺激性的食物，以減輕反應。

　　此外，所有被狗咬傷的患者還必須注射破傷風抗毒素，預防破傷風。抗狂犬病免疫血清的接種對象：頭、面、頸部、手指或多部位的嚴重致傷及可疑瘋動物致傷者，應同時使用抗狂犬病免疫血清和疫苗，傷後越早使用血清越好。為防止在短期內（疫苗未起保護作用前）發病，必須使用抗狂犬病血清。

　　被咬傷後應儘快護送至醫療機構處置，在受傷部位局部封閉注射，同時注入人用狂犬病疫苗抗血清注射前必須進行過敏試驗，陰性者可立即應用，陽性者要進行脫敏處理後方可注射。

　　由於狂犬病沒有特效的治療方法，病死率極高，所以疫苗的免疫接種便顯得尤為重要，接種狂犬疫苗至今仍是預防感染狂犬病的主要方法。被可能攜帶狂犬病毒的動物咬傷後，若能及時、全程、規範的進行預防注射安全有效的狂犬疫苗，則幾乎均可避免發病。被咬傷後必須儘早按正規程序處理傷口和接種疫苗。對於耽誤者，延時注射總

比不注射好。延時不是很長者，接受免疫還是有作用的。

　　一般來講，液體劑型刺激機體產生抗體的時間晚於凍乾劑型。在接種第一針液體疫苗後 10 天左右（凍乾疫苗可提前 3～5 天），部分接種者可出現抗體，5～6 週抗體陽性率可達 96％以上，抗體高峰時間可維持 3～4 個月，1 年後可降到可檢測水準以下。因此，對半年內接種過全程狂犬病疫苗者，如果再次被動物咬傷，可於受傷當天、第 3 天注射 2 支疫苗即可；對於超過半年者，最好按照正常程序處理傷口和全程免疫。

　　狂犬病疫苗成分是一種蛋白質抗原，要求必須在 2～8℃溫度下保存。冰凍將破壞蛋白質結構而影響抗原性，從

而降低預防效果,故不能使用。另外,人用純化狂犬病疫苗禁止臀部肌肉注射。因為臀部脂肪較多,疫苗注射後不易擴散,可能會影響免疫效果。所以,要求成人在上臂三角肌注射,兒童最好選擇大腿前側區肌肉注射。

注射疫苗後要注意休息,避免過勞或參加劇烈運動;忌酒、濃茶等刺激性強的食物或飲料;激素、環磷酰胺等免疫抑制劑和氯喹等可能降低疫苗效果,應儘量避免同時使用。

因為現在對狂犬病尚無特效療法,所以,預防該病發生十分重要。首先要加強對動物的管理,未經批准禁止養狗,對留用的狗要有專人圈養。對疫區人群預防免疫可接種疫苗,每隔 1~3 年加強免疫 1 針。對留用的狗也應進行免疫防治處理。同時,要時常提醒孩子不要隨便和貓狗逗玩。

何為貓抓病

貓抓病,顧名思義就是被貓抓傷後所患的疾病。由於兒童都喜愛動物,接觸動物的機會也多,所以,該病在兒童中間較常見。貓抓病是由巴爾通體(一種革蘭陰性桿菌)經貓抓、咬後引起的急性自限性傳染性疾病。國內有關貓抓病的報導與論述較少,常被臨床和病理醫生忽視,甚至誤診誤治。

貓抓病為寵物貓傳播給人的較少見的疾病。感染的貓甚至可能無病狀但仍傳播疾病。這種病是以局限性淋巴結炎為主要特徵的良性自限性疾病。貓特別是小貓為本病的主要傳染源，偶爾可見於狗抓傷。貓的帶菌率相當高，有報導貓的感染率達 40％。人通常是在被貓抓傷、咬傷或與

其親密接觸後而感染的。確切的感染機制尚不明確，推測
病原體是隨貓的跳蚤的糞便侵入人體破損的皮膚，然後經
淋巴管到達區域淋巴結，引起炎症反應。在被貓爪撓抓過
後 2 週內，接種性傷口附近的淋巴結就會腫脹，摸起來比
較軟。這些腫脹的淋巴結通常見於腋下、頸部以及鎖骨上
下，腫脹淋巴結的直徑為 1～5 公分，同時周圍還會出現紅

腫區，這種淋巴結紅腫可持續數月之久。此外，貓狗的排泄物或唾液也可致病。

貓抓病對孩子有哪些傷害

貓抓病的病原體有人認為可能與病毒有關，但一般認為，是一種小型革蘭陰性桿菌（巴爾通體）的感染所致。當孩子感染了此種細菌後，經過 1～4 週的潛伏期，先在被貓狗咬傷處的皮膚出現丘疹、紅斑、膿疱或水疱，皮膚破損在 1～3 週可自行乾燥癒合，最後結痂，同時有發熱、疲乏、食慾不振、軟弱、寒戰、頭痛等全身症狀。被抓傷後的 3～10 日在前臂、手、頭部等處出現水疱或小的腫塊。

以上症狀往往會被誤判為蟲咬的結果。其實，這是一種被稱為接種性的傷口，細菌常常經由這裏進入人體內。皮膚損害發生後的數日或數週後出現引流區域淋巴結腫大現象。如發生在手指上的皮膚損害常出現腋窩淋巴結腫大，皮膚損害發生在下肢時常出現腹股溝淋巴結腫大，淋巴結腫大持續數週後，大多可自行消退，有些還會形成化膿性竇道，經久不癒。

貓抓病最常見的臨床表現為自限性局限性淋巴結腫大，可在外傷後 1 週至數月內發生。最常見發生於淋巴結引流區，受累淋巴結以肘、腋、頸部居多，腹股溝少見。貓抓病患者可持續發熱 2 個月左右，伴有周身不適、疲

勞、肌痛和關節痛，有皮膚紅斑、體重下降，肝脾腫大。在免疫缺陷的患者中，可進展為播散性貓抓病，包括腮腺炎、乳房腫塊、臉神經麻痺、視網膜炎、滑膜炎、肝炎、胸膜炎、縱隔膿腫、脊髓炎等。

除去以慢性或亞急性局部淋巴結炎為主要特徵的貓抓病之外，還有一種症狀叫做肝脾型貓抓病。這種貓抓病主要累及人體的肝臟和脾臟，造成肝、脾壞死性肉芽腫。

患兒最突出的表現就是腹部疼痛。疼痛主要是由於患兒的腹膜受到了刺激，器官的被膜受到了牽拉，以及器官缺血等因素造成的。對於那些原因不明的發熱，同時伴有腹部疼痛的患兒，若有與貓或其他動物接觸史，應考慮是患有肝脾型貓抓病。透過對患兒進行血清學和超聲檢查，可以早期診斷、早期治療。

醫務研究人員在一次調查中發現，在診斷患有肝脾型貓抓病的 11 名患兒中，發現 6 人皮膚上有抓痕，2 人肝腫大，2 人脾腫大，7 人有明顯的腹部疼痛感（占 64%），腹痛多表現為劇烈的、突然的、間歇性的、痙攣性的疼痛。因此，如果孩子不慎被動物抓傷後，應儘早去醫院診治，家長不要掉以輕心，也不要拖延診治的時間，以免病情加重對孩子的生長發育帶來不利影響。

在被貓撓抓過的兒童中，大約有 14% 的人會出現一些非典型的貓抓病症狀，如接種性傷口處會出現潰瘍，耳朵周圍出現腫脹的淋巴結等。其他一些可出現的症狀還包括骨髓炎、肺炎、肝和脾腫大，查不出原因的持續高熱等。

對於大多數被貓撓抓過的兒童來講，淋巴結紅腫即可表明其已染上了貓抓病，但約有三分之一被貓抓過的兒童會出現較常見的病，如發熱至 38℃以上，疲勞、沒有胃口、頭痛等。

貓抓病一般不在人與人之間傳播，主要由被帶有這種

病菌的貓撓抓後而感染。因此，預防措施主要是不要與陌生或不熟悉的貓接觸，並要教育兒童不要隨意與貓耍逗，特別是不要與鄰居家的貓和在外見到的貓玩。如被抓撓後，應用肥皂和清水徹底洗淨撓傷處。

貓抓病目前還沒有預防的特效疫苗，不能由打防疫針來預防。所以，年輕的父母要教育孩子不要玩貓、狗等寵物。有幼兒的家庭最好不要養寵物，以免孩子染上貓抓病及體癬等寵物病。如果自己家裏養貓，為了防止家人不慎被撓傷，不妨請寵物醫生為家貓剪去爪甲。

對貓抓病目前尚無特效的治療。有報導口服利福平、環丙沙星、復方新諾明、慶大黴素有一定療效，有資料顯示阿奇黴素有一定效果。

貓抓病的急救措施：如果孩子的四肢被咬傷，應在傷口上方結紮止血帶，然後再作清創處理。先用清水、鹽開水或 1：2000 高錳酸鉀溶液沖洗傷口，然後再用碘酒或 5％ 石炭酸局部燒灼傷口（其他部位的傷口處理同四肢），對傷勢嚴重者應送醫院急救。

蛇咬傷的孩子有什麼症狀

毒蛇咬傷多發生於夏、秋兩季。每年 4～11 月份是蛇類活動的季節。森林、山區、草地是蛇出沒的地方，人們在旅遊、田間勞動、甚至日常生活當中如不注意隨時有可

能被蛇咬傷。全世界已知毒蛇 500 餘種。我國的蛇類有158 種，其中毒蛇 49 種，對人體危害較大、具有劇毒能傷及生命的有 10 餘種。多分佈於長江以南的廣大省份。它們是眼鏡蛇科的眼鏡蛇、眼鏡王蛇、銀環蛇、金環蛇；海蛇科的海蛇；喹蛇科的喹蛇及蝮蛇科的蝮蛇、尖吻蝮（五步蛇）、竹葉青、烙鐵頭（龜殼花蛇）等。

蛇毒中主要有毒成分有細胞毒、血液毒、神經毒、心臟毒、促凝血成分及抗凝血成分蛋白質、多肽類和多種酶組成。由毒蛇的毒腺所分泌，呈半透明黏稠狀液體，呈弱酸性。當毒蛇咬人後，由毒腺分泌的蛇毒，經排毒導管、毒牙及傷口，沿淋巴及血液循環擴散至全身，引起一系列中毒症狀。

毒蛇的頭部大多為三角形（除金環蛇、銀環蛇外），頸部較細，尾短而粗，身上花紋色彩比較鮮明。牙齒較長，有毒牙和毒腺，蛇咬傷的地方留有兩排牙痕，如頂端有 2～4 個特別粗而深的痕跡，傷口疼痛明顯，就說明是毒蛇咬傷的；如被咬傷的部位只有較細的或成排的牙痕，說明是無毒蛇咬傷。如鑒別不清應按毒蛇咬傷進行救護。

毒蛇具有一雙粗長的毒牙，毒蛇咬人時，其上頜腺分泌的毒液隨牙齒注入人體，幾十分鐘就可使人局部或全身中毒。如不緊急救護，會引起急性中毒甚至死亡。

毒蛇咬傷部位多見手、足和四肢。被蛇咬傷後要先弄清是否為毒蛇咬傷。如果為無毒蛇咬傷，大可不必驚慌失措，只需按一般傷口處理即可。

　　判斷是不是被毒蛇咬傷，最簡單的方法就是看咬傷部位的蛇牙牙痕。如果兩排牙痕頂端有2～4個特別粗而深的牙痕，說明是毒蛇咬傷。無毒蛇的傷口呈兩排「八」字形齒痕，小而淺，排列整齊，傷處無明顯疼痛。如為兩排小牙痕，就是無毒蛇咬傷。若無牙痕，並在20分鐘內沒有局部疼痛、腫脹、麻木和無力等症狀，也可表明是為無毒蛇

咬傷。只需要對傷口清洗、止血、包紮。若有疑慮，可送醫院注射破傷風針。

　　因毒蛇的種類不同，所含毒素的成分也各異，中毒的症狀亦不同，下面根據毒蛇種類、蛇毒成分以及中毒表現的不同，介紹一下毒蛇咬傷的中毒類型和症狀：

1 血液毒

　　這種毒以侵犯血液系統為主，主要表現為血液及循環系統的中毒症狀，局部反應快而強烈，一般在被咬後半小時之內開始出現症狀。常為蝰蛇、竹葉青、尖吻蝮及烙鐵頭等毒蛇咬傷所致。特點是局部症狀重，全身中毒症狀明顯，發病急。局部腫脹明顯並擴散，傷口灼痛，傷口周圍有紫斑、淤斑、起水疱，有漿狀血由傷口滲出，伴出血、皮下淤斑甚至局部組織壞死，並迅速向肢體上端蔓延，附近或區域淋巴結腫痛。

　　全身症狀有胸悶、氣促、心悸、煩躁不安、譫妄及全身廣泛性出血，皮膚或者皮下組織壞死、發熱、噁心、嘔吐、咯血、嘔血、便血、血尿等。嚴重者出現血痰、血尿、血壓降低，瞳孔縮小、少尿或無尿、心律紊亂、血壓下降，甚至循環衰竭和腎功能衰竭。被咬後 6～48 小時內可能導致傷者死亡。

2 神經毒

　　這種毒以侵犯神經系統為主，局部反應較少，中毒主

要表現為神經系統損害症狀。由銀環蛇、金環蛇和海蛇咬傷所引起。其臨床特點是蛇毒吸收快，局部症狀不明顯，病情發展慢，易被忽視，一旦出現全身中毒症狀，則病情危重。

　　局部僅有麻癢感或麻木感，不紅、不腫、無疼痛，會出現嗜睡等症狀。海蛇咬傷者則可引起橫紋肌癱瘓和肌紅

蛋白尿。其後肌力恢復較慢。

在咬傷後 1～3 小時開始出現全身中毒症狀，出現運動失調，眼瞼下垂、瞳孔散大，視物模糊，嗜睡，四肢無力、口吃、流口水、噁心、嘔吐、聲音嘶啞、張口及吞咽困難、共濟失調、牙關緊閉等。嚴重者四肢癱瘓、驚厥，進行性呼吸困難，昏迷、休克，甚至呼吸衰竭等。傷者可在 8～72 小時內死亡。

3 混合毒

這種毒主要由眼鏡蛇、眼鏡王蛇、蜂蛇等咬傷引起。臨床表現特點為發病急，局部與全身症狀均明顯。

局部出現水疱、血疱、紅腫、劇痛，並迅速向肢體上端蔓延，皮下淤斑甚至組織壞死。局部淋巴結腫痛。

全身肌肉疼痛、肌肉無力、牙關緊閉、語言障礙、吞咽困難、頸項強直、頭暈、視物模糊、血紅蛋白尿、尿少、尿閉、複視、眼瞼下垂、心動過速、心律紊亂、呼吸困難、嚴重者有驚厥、昏迷、休克、呼吸麻痺等。

對蛇咬傷的判斷，除去上面提到的一些之外，還有下面這些依據可以作為借鑒：

①根據地區及咬傷時間判斷，在高山區咬傷多考慮尖吻蝮、竹葉青、烙鐵頭；在平原及丘陵地區咬傷多考慮銀環蛇、眼鏡蛇及蝮蛇；沿海地區多考慮海蛇咬傷；夜間咬傷首先考慮金環蛇、銀環蛇及烙鐵頭；白天咬傷多考慮眼鏡蛇和眼鏡王蛇。

②若自己無法判斷蛇的種類和毒性，可根據打死的蛇標本鑒定是否為毒蛇，由醫生去判斷。

③無毒蛇咬傷往往只有局部牙痕處刺痛，一般無全身症狀。

④根據毒蛇的牙痕形態及牙距判斷。一般無毒蛇咬傷，局部僅留下 2～4 個均勻而細小的牙痕。而毒蛇咬傷者局部常有兩個比較大而深的牙痕。眼鏡蛇、眼鏡王蛇、蝮

蛇及喹蛇牙痕呈圓形；銀環蛇及金環蛇牙痕呈「品」字形；尖吻腹、竹葉青及烙鐵頭蛇牙痕呈「八」字或倒「人」字形；眼鏡王蛇及尖吻蛇咬傷牙距較寬，一般為 1.5～3.0 公分。其他毒蛇咬傷牙距在 0.5～1.0 公分。

毒蛇咬傷怎麼辦

毒蛇咬傷的處理方法為：

1 為防止蛇毒擴散和吸收，應早期實施環形包紮。方法是立即在傷口上方 5 公分處靠近心臟的一端，用布帶、細繩、橡皮管行環形結紮。如果手指被咬傷可綁紮指根；手掌或前臂被咬傷可綁紮肘關節上；腳趾被咬傷可綁紮趾

根部；足部或小腿被咬傷可綁紮膝關節下；大腿被咬傷可綁紮大腿根部。

綁紮的目的僅在於阻斷毒液經靜脈和淋巴回流入心，而不妨礙動脈血的供應，與止血的目的不同。故綁紮無需過緊，它的鬆緊度掌握在能夠使被綁紮的下部肢體動脈搏動稍微減弱為宜。綁紮後每隔 15 分鐘左右鬆解一次，每次

1～2分鐘，視實際狀況而定；如果傷處腫脹迅速擴大，要檢查是否綁得太緊，綁的時間應縮短，放鬆時間應增多，以免影響血液循環造成組織壞死，待傷口處理後解除。

2 盡可能辨識咬人的蛇有何特徵，不可讓傷者飲用酒、濃茶、咖啡等興奮性飲料。被毒蛇咬傷後，不要驚慌失措，奔跑走動，這樣會促使毒液快速向全身擴散。傷者應立即坐下或臥下，自行或呼喚別人來幫助，迅速用可以找到的鞋帶、褲帶之類的繩子綁紮傷口的近心端。

3 在將傷口切開之前必須先清洗傷口，沖洗傷口可選用清水、鹽水、肥皂水或 1：5000 高錳酸鉀溶液沖洗，以清除黏附的毒液，如傷口有毒牙殘留，應迅速用小刀或碎玻璃片等其他尖銳物挑出，使用前最好用火燒一下消毒。以牙痕為中心作「十」字形切開，深至皮下，然後用手從肢體的近心端向傷口方向及傷口周圍反覆擠壓，促使毒液從切開的傷口排出體外，邊擠壓邊用清水沖洗傷口，沖洗擠壓排毒須持續 20～30 分鐘。

此後如果隨身帶有茶杯可對傷口作拔火罐處理，先在茶杯內點燃一小團紙，然後迅速將杯口扣在傷口上，使杯口緊貼傷口周圍皮膚，利用杯內產生的負壓吸出毒液。如無茶杯，也可用嘴吮吸傷口排毒，但吮吸者的口腔、嘴唇必須無破損、無齲齒，以防毒液經損傷處進入救護者體內而引起中毒；吸出的毒液隨即吐掉，吮吸傷口後要用清水漱口。

4 用火烤傷口可以破壞蛇毒，但要注意避免局部燒

傷。如不能採用吮吸排毒，可用火焰來燒灼傷口，拿幾根
火柴頭放在傷口內，然後點燃局部，用火燒來破壞蛇毒，
消毒傷口。被蛇咬傷後應儘快服用各類蛇藥，超過 24 小時
後再用藥就會無效。也可將蛇藥用唾液或溫水調成糊狀，
塗在傷口周圍約 2 公分處，傷口上不要塗藥。

5 解毒治療

①可根據不同蛇傷情況，選擇不同蛇藥。目前已有的蛇藥有：南通蛇藥、群生蛇藥、上海蛇藥、雲南蛇藥、廣東蛇藥、福建蛇藥、湛江蛇藥、郴州蛇藥（湖南）、紅衛蛇藥及青龍蛇藥（江西）等。舉例來說，內服時，在被蛇咬傷後立即口服 5 片，同時將藥片用溫水溶化調糊塗在傷口周圍。此後，輕者每次 5 片，每日 3 次，連續服到症狀消失為止。重者每次 10～15 片，每日 4～6 次，同時服用解毒片，每次 2～4 片，每日 3 次。上海蛇藥首次服 10 片，以後每 4～6 小時服 5 片，3～5 日為一療程。外敷時：將蛇藥溶化成糊狀敷在傷口周圍 1～2 公分處。

②抗蛇毒血清國內目前有單價眼鏡蛇抗毒素、蝮蛇抗毒素、銀環蛇抗毒素及尖吻蛇（五步蛇）抗毒素四種。通常於咬傷 6 小時內應用，應用愈早，效果愈好。每次 1～2 支靜脈或皮下或肌肉注射。過敏試驗陽性者，可作脫敏注射。

③中草藥治療：

A. 民間常用有效鮮草藥有七葉一枝花、八角蓮、半邊蓮、田基黃、白花蛇舌草、白葉藤、地了草、兩面針。青木香、鬼針草、黃藥子等。可取以上鮮草數種，等量、洗淨、搗爛取汁，每次 40～50 毫升口服，每日 4～6 次，取其渣敷傷口周圍。

B. 取刮去外皮的博落回新鮮根莖部 250～500 克，與硫酸鎂粉或白糖 200～300 克，加水 3000～4000 毫升，煮沸半

小時，去除博落回，待水溫降至 50～60℃時局部薰洗、熱
敷或浸泡，對腹蛇咬傷有效。每隔 2～4 小時可重複使用。

6 排毒完成後，傷口要濕敷以利毒液進行流出。必須
注意，蛇毒是一種劇毒物質，只需極小量即可致人死命，
所以一定要清除乾淨。病人若出現口渴，可給足量清水飲

用，切不可給酒精類飲料以防毒素擴散加快。經過切開排毒處理的傷者要儘快用擔架、車輛送往醫院作進一步的治療，以免出現在野外無法處理的嚴重情況。轉運送中要消除病人緊張心理，保持安靜。

7 其他注意事項

①檢查患者的氣道、呼吸及循環等情況。如果患者沒有呼吸或沒有脈搏及心跳，需採取心肺復蘇。

②保持患者鎮靜並靜止不動，如果可能的話，使咬傷處低於心臟水平。

③儘量辨認蛇的類型。如果您把蛇殺死了，請不要破壞他的頭部。注意，不要太靠近蛇，以免自己被蛟傷。

④如果需移動病人，應抬著他，而不要讓他自己走動。

⑤脫去傷口附近的衣服和取下首飾。

⑥撥打急救電話並告知被咬傷人的蛇的種類。

預防蛇咬傷的方法有幾種

預防蛇咬傷的方法主要有以下幾種：

1 如果帶孩子到偏僻山區或森林地帶遊玩，應對毒蛇有所防備，最好隨身攜帶一點蛇藥。毒蛇常在丘陵、墳地、田野、山坡、灌木叢、竹林、山澗、石縫等地活動或

休息，所以進入這些地方的時候應格外小心。

　　② 蛇的視力不好，看不清遠處的東西，對靜止的物體一般無反應；所以，當遇到蛇時應保持鎮靜，原地站立，等蛇自行離去。另外蛇對聲音極為敏感，所以在進入蛇出

沒地帶時可以故意將腳步放重些，紮好褲腳，穿好鞋襪（可以選擇厚靴及厚帆布綁腿），在草叢中行走時，手持一棍棒，邊走邊打，起到打草驚蛇的作用，讓它自動讓路，遠離我們。

③　野外露營選擇宿營地時，要避開草叢、石縫、樹叢、竹林等陰暗潮濕的地方，或者將附近的長草、泥洞、石穴清除，以防蛇類躲藏；夜行應持手電筒照明，防止踩踏到蛇體招致咬傷。常備一些蛇咬傷的治療藥品，以防萬一。

④　另外，平時應熟悉各種蛇類的特徵及毒蛇咬傷急救法。眼鏡蛇科上頷骨前端有前溝牙類型毒牙，頭橢圓形，瞳孔圓形，身體修長，粗細均勻。背部黑色或黑褐色，有的具黑白或黑黃色的橫紋，或者棕褐或棕紅色的黑斑和縱線。眼鏡蛇科毒蛇占毒蛇種類一半以上，如：眼鏡蛇，眼鏡王蛇，銀環蛇，金環蛇。

蜂、蠍、毒蟲蜇傷有何危害

人生活在大自然中與花鳥魚蟲相處，難免被毒蟲侵襲，尤其是夏季，皮膚暴露在外較多，被毒蟲蜇傷的可能性大大增加。盛夏毒蟲咬傷主要包括：蜈蚣咬傷，蜂、蠍子蜇傷，蚊蟲、螞蟥（水蛭）叮咬，毛蟲蜇傷等。

蜇傷，大多數只引起局部反應及疼痛。被蜜蜂及黃蜂

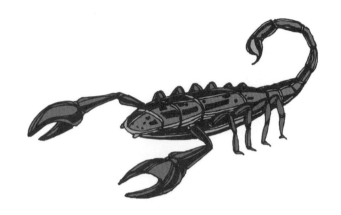

蜇叮後，在皮膚上形成一個刺痕，蜜蜂會留下刺，黃蜂則很少留下刺。蜂毒進入體內，可引起局部刺激、出血及中樞神經系統的抑制。兒童被蜂蜇傷較常見。單個蜜蜂蜇傷，一般只是局部產生灼痛、紅腫，甚至形成水疱，很少引起壞死。

蜇傷很少引起嚴重問題，但被群蜂蜇傷或被毒性極強的黃蜂刺傷後，大量毒液進入體內，蜇傷處有紅、腫、熱、痛。重者局部變黑、淤點，並可發生組織壞死。若為蜜蜂蜇傷，則有蜇針殘留。全身中毒反應可有頭暈、頭痛，不安等表現。輕者一般可在數小時內消失，若為群蜂多處蜇傷，則可發生嚴重中毒反應，出現呼吸困難、發熱、頭痛、噁心、嘔吐、暈倒或昏迷，以至痙攣、休克、肺水腫、心臟及呼吸麻痺，可於數小時或數日內死亡。胡蜂蜇傷中毒還可引起溶血、急性腎功能衰竭及肝臟損害等。在這種情況下，應按照急症處理。如果引起過敏反應，嚴重水腫也可導致喪失知覺。如水腫發生於口腔或咽

喉，可能引起呼吸困難。

　　蜜蜂與黃蜂蜇傷的時候，蜜蜂將刺留在皮膚，黃蜂則不。當心嚴重的反應會導致過敏性休克。毒蜂常見有胡蜂（黃蜂）和蜜蜂，其尾端都有蜇針與毒腺相通，蜇人後將毒液注入體內，引起中毒。蜜蜂蜇針有逆鉤，蜇人後蜇針常殘留體內，而胡蜂的雄蜂無蜇針，雌蜂蜇針無逆鉤。

　　蜜蜂蜂毒為微黃色透明酸性液體，主要含蟻酸和蛋白質。胡蜂毒液呈鹼性，主要含組織胺、五羥色胺、緩激肽

等，有致溶血、出血和神經毒作用，中毒反應較蜜蜂為快而嚴重。

在夏天的時候，人易被蚊蟲叮咬，而小兒更易被蚊蟲叮咬。這是因為蚊蟲對人體內酸類和胺類物質最感興趣。人血中的氨基酸和乳酸結合後產生一種有特殊揮發性芳香味的複方氨基酸混合體，與汗液中的胺相結合，便成為誘蚊氣味的「三甲胺」。

小兒體表面積與身高、體重之比相對要比成人大，就是在炎熱的夏季，小兒也較成人愛運動，因此多汗，毛細血管擴張，「三甲胺」的芳香味兒就陸續自汗孔中揮發出來，使小兒易被蚊蟲叮咬。加上小兒貪玩，缺乏自我照顧能力，所以小兒被蚊蟲叮咬的機會比成人多。

兒童的皮膚被蚊蟲叮咬後，往往會引起的皮膚炎症，這是幼兒夏季常見的皮膚病。幼兒皮膚嬌嫩，皮下組織疏鬆，血管豐富，昆蟲叮咬後，局部可出現發紅、充血、滲出，很快出現腫脹，並有瘙癢感。幼兒很難忍受這般奇癢，一般都要搔抓。由於搔抓刺激，加重了紅腫，有的甚至被抓破而繼發感染，使紅腫加劇，嚴重時會化膿。有過敏體質的幼兒，蟲咬後可發生皮膚過敏，誘發蕁麻疹，不但叮咬處紅腫，甚至全身皮膚均出現風疹塊，重者還可出現過敏性血管神經性水腫，在疏鬆組織處（如眼瞼、口唇、陰囊等處）出現明顯的組織水腫。

蚊蟲叮咬可以引發許多傳染病，如絲蟲病、流行性 B 型腦炎、登革熱、瘧疾等，都是由蚊蟲傳染的。絲蟲病和

　　登革熱也是由於蚊蟲叮咬病人再叮咬健康人造成傳染的。
蚊傳播的 B 腦是由 B 腦病毒引起的急性傳染病，豬、羊、
馬、牛等家畜都可以感染病毒，其中主要是豬。

　　B 腦在豬中間傳播流行，蚊叮咬病豬吸血後病毒進入

蚊體內，帶病毒的蚊蟲叮咬人吸血時，就可以使人致病。患病後出現高熱、昏迷、頸項強直等，嚴重時呼吸功能衰竭甚至死亡。病後還能留有神經系統的後遺症，如失語、癱瘓、精神障礙等。瘧疾是由瘧原蟲引起的傳染病。蚊蟲叮咬瘧疾患者後再叮咬健康人可將病原體由病人傳給健康人。瘧原蟲進入人體後，在肝細胞和紅細胞內寄生繁殖，使紅細胞週期性破壞，病人出現週期性定時發作，每當發作時出現寒戰、高熱、大量出汗，病程長時可引起貧血和脾臟腫大，對兒童的身體健康和生長發育都非常不利。

頭蝨病是由頭蝨所引起，曾一度消失，但近年來由於少數人衛生觀念淡薄，故頭蝨病在一些幼稚園和中小學又開始蔓延起來。在患兒的頭髮上可見到約 2 毫米長的深灰色小蟲以及白色的蟲卵，緊黏在髮上不易梳落，所以，較容易與一般的頭皮脫屑相區分。

頭蝨病特別容易在孩子中傳播。首先，這是因為兒童喜歡在一起玩耍，彼此間的接觸比較多，極易造成直接傳染；其次共用梳子、枕巾、帽子等也可造成間接傳染。其患者以女孩為多見。

蝨子及其蟲卵常黏附於人頭部的枕部或頂部毛髮上，靠吸血來維持生命，在吸血的同時，其唾液中所含的毒物可刺激皮膚，使局部產生紅斑、丘疹或點狀出血。患兒常感奇癢，搔抓後可造成頭皮破損、出血、結痂，甚至引起細菌的繼發感染。更為嚴重的是頭蝨本身還可傳播回歸熱、斑疹傷寒等疾病；所以，不要因為小看它而放鬆了對

孩子健康的警惕，以免造成更壞的後果。

毒蟲蜇傷後怎樣進行家庭治療

當被蜂蜇傷後應採取如下措施：

1　如果能看見小的黑刺，用鑷子、刀片或指甲等夾住其尖端將其拔出。不要擠刺頂部的囊，因為一擠便有更多毒液進入孩子體內，在傷處壓一冷墊，或塗抹抗組胺乳膏或合適的乳劑。

2　孩子如發生過敏性反應或被蜇叮多處，均應帶到最近的醫院就醫。如果發現有呼吸困難，或孩子的口、咽部被蜇叮而自己又無法取出蟲刺以及刺傷部位發生水腫等情況時，必須立即去最近的醫院就醫。

3　為減輕疼痛，對黃蜂引起的蜇傷，用稀釋的醋冷敷；對蜜蜂引起的蜇傷，只需將敷布置於蜇傷處，不要摩擦該處。對於嚴重過敏反應可能引起噁心、氣短、廣泛腫脹，甚至虛脫，應儘快送醫院急救。謹防休克，必要時進行復甦術。

蠍子蜇傷後應採取如下措施：

蠍子的尾部有一鉤，稱為尾鉤。它的尾鉤與體內的毒腺相通。蠍子在蜇人時用尾鉤刺人，同時將蠍毒刺入人體

使人中毒，並且常將尾鉤斷在人體內。蜇傷部位常有劇痛、紅腫、觸之疼痛，有時還會出現噁心、嘔吐、體溫下降、出汗、昏睡等症狀。

1 當被蠍子蜇傷後，立即讓患兒仰臥，迅速取出傷口內的毒刺，並儘快用力擠壓被蜇周圍的皮膚組織，使含毒素的血液流出。

2 有時毒鉤刺得較深，還需開刀切開傷口排毒。然後傷口用1：2000的高錳酸鉀液沖洗，或者用3％氨水或5％～10％碳酸氫鈉（小蘇打）溶液沖洗傷口，使酸鹼中和，減弱毒性，也可起到局部止痛的作用。

3 傷口周圍敷上用涼水化成糊狀的蛇藥片。如果當時有洋蔥，洗淨後切片在傷口上塗抹，效果也不錯。同時檢查傷口是否感染或太深，會不會引起破傷風；如傷口出血嚴重或咬傷12小時後，傷處紅腫，也要立即去醫院診治。

兒童被蜈蚣咬傷之後應採取如下措施：

其傷口是一對小孔，毒液流入傷口，傷口局部有疼痛、腫脹，同時伴有頭痛、頭暈、嘔吐等全身反應。

1 蜈蚣的毒液呈酸性，用鹼性液體就能中和。可立即用5％～10％的小蘇打水或肥皂水、石灰水沖洗，不用碘酒。然後塗上較濃的鹼水。處理時也可以先用肥皂水、清水沖洗傷口，然後傷口上塗上3％氨水或10％小蘇打水。

2 蜈蚣咬傷還可以用拔火罐法吸出毒液，再用濃鹽水頻洗傷口，最後把用開水燙軟的番薯葉敷蓋傷處，連敷數

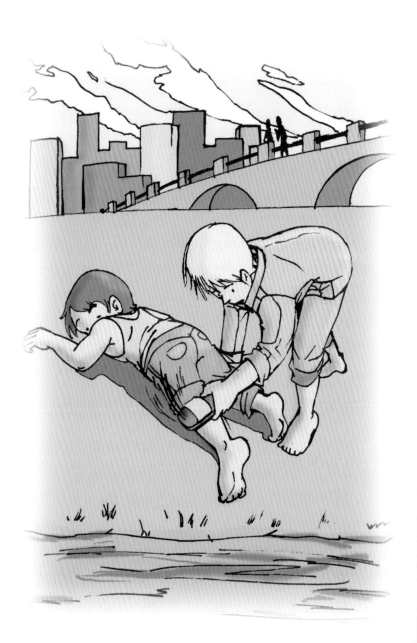

次即癒。咬傷嚴重者應送醫院按蛇咬傷治療。

螞蟥叮咬之後應採取如下措施：：

常在水田勞動時被叮咬，傷處多在小腿和足部。

1 被螞蟥咬住後不要驚慌失措地使勁拉，可用手掌或鞋底用力拍擊叮咬部位周圍皮膚，經過劇烈地震打以後，螞蟥的吸盤和顎片會自然放開。

2 螞蟥很怕鹽，在它身上撒一些食鹽或者滴幾滴鹽水，它就會立刻全身收縮而跌下來，或者用食醋、煙油塗搽被叮咬處，傷處塗些碘酒消毒即可。

毛蟲刺傷之後應採取如下措施：

兒童多在樹下或接觸枝葉時受到毛蟲刺蜇。刺蜇部位瘙癢刺痛。毛蟲蜇傷後，可用糯米飯捏成團在痛癢處滾搓，去掉刺毛，也可用橡皮膏粘出毒毛。再用肥皂水、清水沖洗傷口，然後傷口上塗上 3%氨水或 10%小蘇打水。

兒童被蚊蟲叮咬後應採取如下措施：

1 要告訴他們不要搔抓，並可在局部塗以止癢劑，常用的有硫磺爐甘石洗劑、清涼油、薄荷、風油精、樟腦水等。

2 應給幼兒勤剪指甲，以避免搔抓引起的皮膚繼發感染。如果已經發現皮膚繼發性化膿感染，局部要用呋喃西林液沖洗，塗以紅黴素、金黴素軟膏。

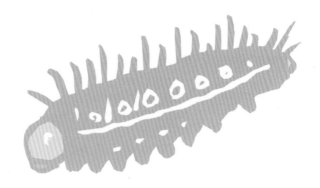

③ 如有全身發熱或局部淋巴結腫大時應服用抗生素，以免誘發其他全身感染。如出現過敏性皮炎，應口服氯苯那敏等抗過敏藥治療。

頭蝨病發生後應採取如下措施：

① 將頭髮完全剃除並予以焚毀，是最簡便的方法，但實際生活中常難以推行。

② 可採用藥物治療，具體治療方法如下：

①取氯苯乙烷粉 1 份，加滑石粉 9 份，混勻後擦遍頭皮及頭髮（注意不要傷了眼睛）並將布包裹頭部 1 天。

②次日用細梳除去死蝨和蟲卵，再用熱水、肥皂洗頭，必要時 1 週後再治療 1 次。或者取中藥百部 100 克，加水 3000 毫升，煮沸冷卻後洗頭，一般一次即可殺滅大部分成蟲及蟲卵。1 週後再洗 1 次，以鞏固療效。

③治療過程結束後，將孩子用過的枕套、枕巾、帽子、床單煮沸並洗淨，以免再次感染。頭蝨病的治療一定

要徹底，如果做不到這一點，就很可能是白費力氣，很快就會復發。

如何預防蜂、蠍、毒蟲蜇傷

預防蜂蜇的措施：

讓孩子儘量遠離大片草叢和灌木叢，因為那裏往往是蜂類的家園。發現蜂巢應繞行，不要太靠近。最好穿淺色光滑的衣物，因為蜂類的視覺系統對深色物體在淺色背景下的移動非常敏感。如果誤惹了蜂群而招至攻擊，最好的辦法是用衣物保護好自己的頭頸，反向逃跑或原地趴下，切勿回擊。

預防螞蟥、蠍子的措施：

兒童嬉戲野外遊玩時，應選擇草少、乾燥、陽光充足的地方休息，不要在雜草叢生且有污水的地方坐臥、晾曬衣服或物品。夜間休息時，為防止蚊蟲的叮咬，應掛好蚊帳，選擇遠離汙水、雜草的乾燥地方；如果沒有蚊帳則可以找一些野蒿子草，點燃以驅走蚊蟲。野外架鋪時最好用吊鋪，離開地面 65 公分左右。睡前把四周的雜草清掃乾淨，可挖一條防水溝，而後在溝中撒上一些草木灰或者石灰，噴灑一些消毒水最好。

　　在家中，兒童蚊蟲叮咬的預防首先就是要避免被叮咬。在夏季，幼兒睡覺的小床應掛蚊帳，也可用電蚊香等進行驅蟲，或在幼兒的起居室內噴灑一些殺蟲劑。幼兒要經常洗澡，因為汗味往往是誘使昆蟲叮咬的主要原因。花露水有獨特的香味，也可以防止蚊蟲騷擾。

國家圖書館出版品預行編目資料

怎樣讓孩子遠離意外傷害／高溥超　高桐宣　主編
——初版，——臺北市，品冠文化，2007〔民96〕
面；21公分，——（健康新視野；1）
ISBN　978－957－468－554－7（平裝）
1.事故傷害防制　2.兒童保護　3.急救
575.864　　　　　　　　　　　　　　96012708

怎樣讓孩子遠離意外傷害 ISBN 978－957－468－554－7

主　　　編／高溥超　高桐宣

責任編輯／黃和平　劉桂霞

發 行 人／蔡孟甫

出 版 者／品冠文化出版社

社　　　址／台北市北投區（石牌）致遠一路2段12巷1號

電　　　話／（02）28233123・28236031・28236033

傳　　　眞／（02）28272069

郵政劃撥／19346241

網　　　址／www.dah-jaan.com.tw

E－mail／service@dah-jaan.com.tw

承 印 者／弼聖彩色印刷有限公司

裝　　　訂／建鑫裝訂有限公司

排 版 者／弘益電腦排版有限公司

授 權 者／安徽科學技術出版社

初版1刷／2007年（民96年）9月

定　價／230元

大展好書　好書大展
品嘗好書　冠群可期